CRECIMIENTO CONTRACORRIENTE

Estrategias para Comunicar en la
Era de la Incertidumbre

OSCAR SANDOVAL - SÁENZ

Founder and CEO *27Pivot*

Innovative Communication and Public Affairs Strategies

ISBN Paperback: 979-8-9903884-8-2
ISBN Digital online: 979-8-9903884-9-9

Para cada persona que se desafía a sí misma, supera el miedo al ridículo y comprende que el liderazgo comienza por enfrentarse a uno mismo y decide comunicar con estrategia no solo por naturaleza.

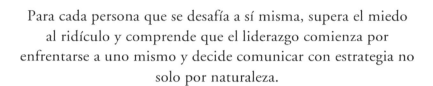

"Lo único que vale en la vida es el amor incondicional a tu alrededor y la generosidad. Lo demás no sirve de nada, las glorias humanas no son más que ilusiones."
Sabiduría de quien supo dar y vivir la vida.

CONTENIDO

PREFACIO

Todo comunica. Todos comunicamos.

La diferencia está en que quienes lo hacen estratégicamente, no solo construyen relaciones más cercanas y efectivas también fortalece liderazgos. Esto, como consecuencia, nos posiciona más cerca de ser felices, y no lo digo yo, lo dicen los estudios más prestigiados sobre felicidad.

El objetivo de este libro es que, al leerlo, conjuguemos mi experiencia y aventuras en la comunicación, la vida pública y corporativa, con tus sapiencia y objetivos con respecto a la forma en la que hacemos uso de la comunicación.

Así que, desde ya, te invito: juzga y cuestiona lo que aquí se dice porque el éxito está en lo que te funciona a ti. En esto, la experiencia de otros te ayudará solamente como una referencia, que puede ser buena, pero no es la ruta.

Crecimiento Contracorriente te desafiará a repensar tus preconcepciones sobre el poder de la comunicación, y te invitará a un viaje de autoexploración, innovación, y transformación en la Era de la Incertidumbre.

Hace más de 16 años, la comunicación me encontró a mí como profesión y oficio. Yo no era consciente de ello, pero era un elemento que había estado conmigo desde siempre.

Nací en una familia apasionada por el servicio público, la política y el acontecer en la arena pública. Esto me permitió, desde niño, observar de primera mano a gobernadores, secretarios, subsecretarios de Estado, jefes de oficina de las más altas esferas del poder, legisladores y periodistas en los procesos de toma de decisiones.

Con esa experiencia y la que he tenido en mi vida, puedo concluir con claridad que el poder también se equivoca, pero se equivoca menos cuando hay una estrategia de comunicación. Estas empiezan por la intuición y la experiencia, pero deben venir siempre acompañadas de una data cierta que limite el margen de error en tanto sea posible.

Desde la niñez, la vida también me dio la oportunidad de conocer de primera mano cómo se producía televisión y se hace magia a través de ella. Con esto pude aprender que desde un estudio de grabación puedes crear realidades, que el consumidor es el rey y que el rating no tiene corazón, pero es el mejor consejero.

Y justo ahora, soy, como todos, el resultado de mis experiencias de vida, que son posibles gracias a cada persona con la que he tenido oportunidad de interactuar.

Comunicación Contracorriente: Estrategias de Comunicación en la Era de la Incertidumbre es para todo aquel que, como yo, quiera desafiar un mundo en el que el cambio se acelera a cada hora. En el que las premisas bajo que usamos para decidir el día de ayer, hoy pueden ser

> *"El poder también se equivoca, pero se equivoca menos cuando hay una estrategia de comunicación".*

diferentes a la hora de ejecutar la estrategia. Y ya lo sé, siempre ha sido cambiante. Pero la diferencia de hoy en día es la velocidad en la que se dan las modificaciones.

Además, es un libro para cada amigo que coincide como cliente. Para Carlos, Guga, Itzel, Mauro, que han confiado más en la estrategia y en la ejecución que en la capacidad de hacernos los importantes.

También es para Tatiana que siempre sabe. Para cada uno de los que son o han sido parte de 27 Pivot, para quien confía en nosotros a pesar de la adversidad. Para Lucila que vigila cada paso.

Para quienes como Carlos, Eduardo y María de Mazalán Comunicaciones confían en las coincidencias de ética, resultados y ejercicio profesional por encima de vanidades que en este sector comúnmente se definen como éxito.

Hoy, juntos, somos casos de prestigio y gloria.

Para Adriana y sus misteriosas verdades.

Para Jorge que tuvo la idea de que esto sucediera.

Para mi padre, que logró, en cuerpo y alma, hacer del origami de la vida una lección en cada paso. Para mi madre que me enseñó que a la guerra se va con fusil, las cosas se hacen bien o no se hacen, y, se vale volver derrotado, pero nunca se huye. Para mi incansable hermana. Para los momentos en los que Benja y yo hemos sido hermanos. Para Fátima y Emiliano que tienen en las venas la magia de comunicar.

Para quienes han sido cómplices de vida. Analicia, cuéntate entre ellos.

Para Gaby y Jorge – Aaron y Adrián, Abril – Valeria; Sofía y Gil – Joaquín, que confían en lo que sea que estoy haciendo.

Para Adam que es vida, amor y familia.

Vivir en un mundo híper vinculado es vivir contracorriente. Te invito a que a partir de la lectura de este libro hagamos de la Comunicación la corriente que construye liderazgo y crecimiento donde la gente solo ve obstáculos.

INTRODUCCIÓN

"En este mundo traidor, nada es verdad ni mentira, todo es según el color del cristal con que se mira". - Ramón de Campoamor

Dicen los yoguis que todos respiramos, pero no todos sabemos respirar. Lo mismo sucede con la comunicación, todos comunicamos, pero no todos sabemos comunicar.

Lo que es peor, cada vez nos encontramos con más personas que, bajo las directrices básicas de la Comunicación Estratégica, se auto catalogan como estrategas en la materia, unos eruditos, y unas personas listas para regir el mundo de las comunicaciones como lo conocemos, sin realmente contar con lo necesario para tal fin.

"El sentido común es el menos común de todos los sentidos".
-Voltaire

¿Por qué sucede así? Porque comunicar de forma eficiente para lograr tus objetivos requiere un alto porcentaje de sentido común, lo cual es muy poco común.

Retos de la comunicación estratégica actual

Cada semana escribo #Blindspot, una columna de opinión que tiene como objetivo analizar los puntos ciegos en la arena pública y política, vinculando estos temas con la Comunicación Estratégica y la economía/finanzas.

En pocas palabras, es un espacio editorial en el que la hipervinculación del mundo encuentra ciertas directrices para la toma de decisiones. Lo cual me ha permitido identificar cuatro retos:

1. **En la escuela nos enseñaron que, ante ciertas premisas, se obtienen determinados resultados.** La vida en estos tiempos nos ha demostrado que no es así, principalmente en el comportamiento macroeconómico. El reto está en que seguimos tomando decisiones en función de premisas que han demostrado ser insuficientes o pasadas de moda.

2. **Las nuevas generaciones empezaron a comunicar de forma más transparente cada día** y a hablar públicamente de cosas que antes eran tabú. Esto ha cambiado la forma en la que nos relacionamos y, por tanto, en la forma en que estamos comunicando.

3. **La tragedia y el chisme es lo que más vende** y venderá, por lo que se nos ha hecho costumbre creerles a ambas, a pesar de no contar con fuentes fidedignas.

4. **Quienes han sabido comunicar sin miedo están creciendo contracorriente**, y esta es una tendencia que aumenta día tras día.

Razones tras el crecimiento contracorriente en la comunicación estratégica

Ante los retos que se presentaban, me di a la tarea de investigar por qué estábamos creciendo contracorriente y cómo esto podía ser una limitación o una fortaleza. Para encontrar razones, partí de cinco premisas que obtuve durante mis obsesivas observaciones de la vida diaria, en especial en la era post Covid-19:

1. No importa lo que suceda en el mundo, **las personas no estamos dispuestas a sacrificar el consumo.** Por ejemplo, Amazon, el gigante del comercio electrónico, en 2020 consiguió el doble de ganancias que en 2019, y las triplicó en el primer trimestre de 2021.[1] Todos **estamos siendo iguales para tratar de ser dife-**

rentes. Las tendencias en redes sociales así lo demuestran, el objetivo es el tener la bolsa de diseñador, pero si no te alcanza, tienes la copia. Al final, todos estamos uniformados con las tendencias para identificarnos con el conglomerado.

2. **El estatus de consumo puede más que el poder económico de las personas.** Por cuestiones de trabajo y familiares, viajo constantemente entre dos ciudades específicas. Esto me ha permitido observar el mercado de los boletos de avión. Entre las cosas que más me ha sorprendido, la Clase Ejecutiva es la primera que vende la totalidad de los boletos y esto no está relacionado con el precio del momento, sino con el estatus. Se agotan los espacios cuando los precios bajan, pero también cuando suben. No solo eso, entre mayor es la diferencia de precio entre una clase y la otra, menos lugares disponibles hay en la Clase Ejecutiva. Y esto lo reconozco solo por observación, aunque sería muy interesante que las aerolíneas nos dieran más información estadística sobre esto.

3. **La Comunicación y el Marketing en conjunto tienen mucho que ver en estos cambios de comportamiento.** El mayor éxito está en las estrategias 360, que no son otra cosa que estar comunicando por todos los canales posibles, eligiendo estratégicamente qué informaciones comunicamos en cuáles plataformas.

4. Contrario a la apuesta durante el Covid-19, **no estamos en un proceso de desglobalización**, sino de regio globalización. En el capítulo dos analizaremos datos que así lo demuestran.

En resumen, a pesar de que la gran mayoría de los analistas, políticos y economistas anticipaban una crisis económica de niveles desproporcionados derivados del confinamiento Covid-19, esta crisis nunca llegó, o al menos no lo hizo en los niveles alarmistas que se presumía sucederían. Lo cumbre es que la comunicación tuvo mucho que ver.

Crecimiento contracorriente: Estrategias para comunicar en la era de la incertidumbre

En el primer capítulo de este libro analizaremos cómo el mercado de productos y servicios de lujo creció contracorriente durante la pandemia. Después, en el capítulo dos, analizaremos a la Clase Consumidora con datos de WorldData.Lab y, con ello, conseguiremos observar cómo el consumo desbloquea el potencial del mercado.

A partir de aquí, ahondaremos en la batalla por la influencia entre el poder económico basado en el consumo y el político que usa a la democracia como la moneda de cambio. Con ello, podremos analizar cómo está cambiando el mundo en la arena pública y obtener más datos interesantes al respecto, así como posibles aproximaciones al futuro.

Entre los temas que analizaremos en este libro encontrarás que, ante la amenaza de gobiernos autoritarios, incluso en el país teóricamente más libre del mundo, Estados Unidos; lo único que los detiene o retiene es el poder del consumo. Todo esto nos lleva a cuestionarnos si el nuevo acto de votar es justamente el consumo de este siglo.

Como decíamos, la Comunicación y el Marketing tienen mucho que ver en el Crecimiento Contracorriente. Es decir, el hecho de que las empresas vendan y ganen más a pesar de las amenazas de crisis o recesión económica. Por ello dedico un capítulo a analizar qué están comunicando las empresas *Fortune 500* y en específico el Top 5 de la categoría del análisis de Reputación Corporativa conocido como las *Empresas Más Admiradas del Mundo 2024*.

Las conclusiones de ese capítulo se vinculan con el siguiente, el séptimo, en donde analizo por qué el contenido editorial es y seguirá siendo el rey en el mundo. Esto sucede en los medios de comunicación e información tradicionales, pero también en las redes sociales en todo el mundo.

La batalla por la influencia es cada día más feroz. Lo vemos en las redes sociales, pero también en los Líderes de Opinión o KOLs. Con frecuencia detecto que, incluso en los grandes corporativos, confunden para qué sirve cada uno de ellos y esto hace que sus campañas de comunicación sean menos eficientes. Por ello dedicamos un capítulo a este tema.

En países como México se sigue argumentando que la falta de certidumbre jurídica y regulatoria es un detractor importante para la inversión. De hecho, es uno de los mensajes clave que, de manera ininterrumpida, buscan posicionar los líderes empresariales. Esto también hace necesario dedicarle un espacio dentro de este libro.

Durante años, los estrategas de comunicación nos dedicamos a argumentar por qué solamente trabajábamos en el campo de la construcción de la reputación y no incluíamos las ventas dentro de nuestros indicadores de desempeño o KPIs. La respuesta es que la fuerza del mercado nos ha obligado a dejar esa premisa atrás y los resultados están siendo muy favorables para quienes lo están haciendo de forma estratégica. Es decir, funciona para quienes entienden qué, cómo, cuándo y dónde hay que comunicar. Por ello, dedicamos tres capítulos a entender cómo los estrategas en Comunicación contribuimos a cumplir los objetivos de negocios en el Business to Business (B2B), Business to Consumer (B2C) y el Business to Person (B2P).

Por otra parte, hablar de Disrupción en los mercados nos hace lucir más interesantes y, en determinados casos, ha permitido desbancar a las grandes empresas tradicionales de los primeros

"No todo lo que es disruptivo, es exitoso".

lugares de ventas y posicionamiento. Pero no todo lo que brilla es oro, ni todo lo que es disruptivo es exitoso.

Esto nos obliga a analizar a más detalle y vincularlo a la Comunicación Disruptiva, así como a dimensionar cuándo sí, cuándo no y por qué aplicar la disrupción a nuestra forma de comunicar. Recuerda que, ante todo, un estratega de comunicación construye reputación para hacer mercado.

Finalmente, los últimos dos capítulos los dedicamos a analizar cómo usar de manera eficiente la comunicación para crecer contracorriente y contribuir a los objetivos de negocio. Así mismo, nos dedicaremos a entender por qué los grandes líderes son aquellos que son grandes contadores de historias. Lo más importante es que bajo esta premisa los líderes no nacen, se hacen.

A través de las páginas siguientes, no solo exploraremos los cambiantes paisajes del marketing y la comunicación, sino que también desentrañaremos cómo estos se entrelazan con el consumo, la política y la sociedad en su conjunto.

En este mágico laberinto de la comunicación y el consumo, este libro pretende poner luz sobre los #Blindspot o puntos ciegos del turbulento espacio de la economía moderna y las estrategias de comunicación que definen nuestro tiempo.

Este libro no solo se dirige a profesionales y estrategas de la comunicación, sino a cualquier persona interesada en comprender las fuerzas ocultas que moldean nuestras decisiones diarias, interacciones sociales y futuro colectivo.

En esencia, cada página intenta inspirar una nueva forma de pensar, de actuar y de influir en nuestro entorno usando la comunicación estratégica, impulsando a los lectores a convertirse no solo en consumidores conscientes, sino

> *"Los grandes líderes son los que son grandes contadores de historias".*

también en comunicadores estratégicos en su propio derecho.

Este no es solo un libro sobre estrategias, es un llamado a la acción para todos aquellos que deseen dejar una huella indeleble en el mundo atreviéndose a perder el miedo al ridículo y así, convertirse en líderes de su propio destino.

Cada capítulo ha sido cuidadosamente diseñado para no solo informar, sino provocar una reflexión profunda acerca de cómo los individuos y las organizaciones pueden comunicar de manera efectiva en un mundo en el que el ruido ahoga la sustancia muy a menudo.

Así que de nuevo te invito: Cuestiona y redefine tus propias percepciones sobre lo que significa comunicar y consumir con propósito.

CAPÍTULO 1

EN LA ERA DE LA INCERTIDUMBRE: COMUNICACIÓN COMO BRÚJULA

Durante los últimos siete años, cada semana, he hecho entrevistas para La Billetera de ADN Opinión y ADN40. El contenido de estas entrevistas incluye conversaciones con secretarios y subsecretarios de Estado, presidentes y directores de Asociaciones Empresariales, CEOs de empresas globales, mexicanas de todas las industrias, sectores económicos, así como a los más renombrados economistas y analistas oriundos de México.

Salvo por la excepción de Gabriel Yorio, subsecretario de Hacienda durante el periodo 2018 - 2024, el común denominador es que nadie se atreve a dar cifras o hablar de hechos contundentes sobre el futuro hablando a nivel económico, político e incluso social. Más aún, la enorme mayoría aceptan haberse equivocado en lo poco que anticiparon hasta el momento.

La constante del mundo es, ha sido y será el cambio, pero a esta variable se suma que la incertidumbre se ha hecho exponencial. Con ello, la mayoría de los tomadores de decisiones, líderes de opinión y estrategas se han anclado principalmente en el pasado, así como en los errores o deslices de los líderes nacionales y globales. En este punto, la incertidumbre se disfraza de experiencia, o al menos lo intenta. Así que, allí, donde se disertan opiniones, visiones y suposiciones, solamente algunos ganan.

¿Qué necesitamos para ganar? Sumar a nuestra matriz de toma de decisiones tres factores clave:

Primero: Por qué la comunicación es la brújula

Lo primero en lo que debemos pensar con detenimiento es: ¿Por qué hay más incertidumbre? Porque la profecía auto cumplida de anticipar el futuro y que ese futuro suceda, es más exclusivista.

¿Para quienes hay incertidumbre? Tendría que ser necesariamente para los que han apostado al consumo y han visto en la coyuntura público - legal / regulatoria – política un factor más o la han traducido en oportunidad.

Aquellos que siguen obsesionados con predecir el futuro en función de lo que saben, lo que pasó en el pasado o el temor a que un determinado personaje sea presidente de un país, pierden o no ganan todo lo que pudieron ganar y seguirán haciéndolo si no cambian su estructura de decisiones o incluso su forma de concretar la visión.

Mientras algunos vieron un límite a sus ventas o conveniencia futura en el rompimiento de las cadenas de suministro por Covid-19, como es el caso de México con el efecto de la Relocalización de la manufactura; otros, como las marcas de lujo hicieron de la escasez la fortuna.

Las últimas ediciones del Estudio Anual de Lujo, publicado por Bain & Company y la Fondazione Altagamma, demuestran que la asociación comercial de fabricantes italianos de productos de lujo es una de las industrias de mayor crecimiento en los últimos años y en específico a partir de la pandemia por Covid-19. Esto aunado a su estrecho vínculo con la Comunicación y Marketing para sustentar y patrocinar sus periodos de crecimiento nos permiten usarla como ejemplo.

De acuerdo con la edición que refleja el comportamiento de ese mercado durante 2019, se contrajo por primera ocasión desde 2009, cayendo en un 23% histórico en la década. En esos momentos la consultora fue clara: «La incertidumbre continuará sobre la industria». Con lo que quedó en evidencia absoluta la Era de la Incertidumbre y su cercana relación con el consumo en todos los niveles.

La caída en ese mercado se explica, en gran medida, por las restricciones en específico al turismo, especialmente en Europa. No obstante, también evidenció la oportunidad para evolucionar, ser pioneros en un área y estilo de mercado que hasta el momento no hubo necesidad de explorar. Esta oportunidad crecía de manera exponencial a través de la comunicación. Y no estoy intentando convencerte de ello, así lo demuestran los datos.

Por un lado, muestran que «el porcentaje de compras realizadas en línea casi se duplicó, pasando del 12% en 2019 al 23% en 2020». Bain and Company agrega que, «Para el 2025, se espera que las compras en línea se conviertan en el canal líder para las compras de lujo, impulsando la transformación omnicanal».

Y, por otro, en la edición 20 reporta: «Las compras realizadas localmente han crecido entre un 50% y un 60% desde 2019, mientras que las compras de turistas han disminuido entre un 80% y un 90% en comparación con 2019». El consumo local es clave.

Por su parte, la edición 21 titulada Renacimiento en la Incertidumbre señala que «el mercado global de bienes de lujo dio un gran paso adelante en 2022, a pesar de las condiciones de mercado inciertas».

La edición 22 que reporta el comportamiento del mercado de lujo durante 2023 era por una recesión. Es decir, el año en el que la apuesta por el futuro basada en el pasado se obtuvo como conclusión interesante:

"A pesar de las difíciles condiciones macroeconómicas, estimamos que el mercado de lujo en general alcanzó los €1.5 billones a nivel mundial en 2023, un sólido crecimiento del 8% al 10% respecto a 2022 estableciendo un récord para la industria y demostrando su inigualable resiliencia".

Entonces, ¿cómo han traducido la resiliencia en oportunidad de negocio? La respuesta sigue siendo clara: a través del uso de las diferentes herramientas de la comunicación. Entre ellas, la creación y monetización de las comunidades, contenido mediático relacionado con la marca, también conocido como brand-related media content. A esto se suma el despliegue de campañas de comunicación a partir de ediciones especiales de sus productos, que ha sido una estrategia clave para el crecimiento.

En resumen, experiencias correctamente comunicadas tienen impactos directos en cumplir los objetivos del negocio.

Vamos más allá. Haber entendido los efectos de la comunicación en la toma de decisiones informada ha contribuido de manera importante a que, en 2024, Bernard Arnault sea conocido como el hombre más rico del Mundo. Él, a través de las 75 casas de productos y servicios de lujo, tiene como pilar la comunicación. Es así como ha logrado democratizar esa industria hasta convertirla en algo más que un negocio rentable.

> *"Experiencias correctamente comunicadas tienen impactos directos en cumplir los objetivos del negocio".*

Y quiero destacar un punto de atención aquí, democratizar no significa hacer accesibles sus productos y servicios, sino hacerlos objeto de deseo. Por tanto, el consumidor encuentra el mecanismo económico o de financiamiento para comprarlos sin importar el precio, y esto aplica a todos los estratos socio económicos.

Como podemos observar en la gráfica, los datos nos confirman que la pandemia por Covid en 2019 y sus consecuencias fueron aprovechadas por la compañía, así que trajo como resultado un crecimiento exponencial de la Fortuna Arnault.

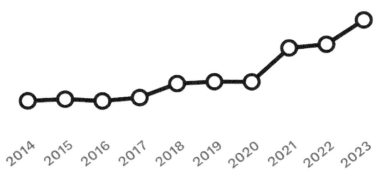

Fuente: Forbes.

Todo esto se resume en lo dicho por Bernard Arnault, presidente y CEO de LVMH: «Nuestra actuación en 2023 ilustra el atractivo excepcional de nuestras Maisons y su capacidad para despertar el deseo, a pesar de un año afectado por desafíos económicos y geopolíticos».

Los financieros insistirán en que lo logró a través de estrategias de capitalización y elevar la utilidad de las inversiones. Sin lugar a dudas esto ha contribuido, pero esto no hubiese sido posible sin la comunicación, primero con el consumidor y segundo, con todas las audiencias de interés, a quienes también se reconoce como stakeholders. La razón de todo esto es que la comunicación construye reputación y suma activos al valor de marca.

Así, estos datos y hechos dejan en evidencia que en La Era de la Incertidumbre instaura a la Comunicación como la Brújula innegable que apunta directamente hacia el crecimiento o detrimento de cualquier negocio en la industria.

Segundo: El rol de la incertidumbre

La incertidumbre normalmente se traduce en precaución frente a la inversión, en especial cuando la decisión está anclada a elementos de contexto o políticos. Esto puede ser un acierto cuando la inversión está relacionada directamente con las decisiones del gobierno, pero no de consumo.

En la Era de la Incertidumbre, la inversión que hagan los corporativos e instituciones públicas en comunicación y marketing debe ir contracorriente, es decir, haciendo oposición a lo que se conoce como la crisis. Este proceso debe incrementarse mayormente en épocas en las que debemos crear nuevas realidades.

La razón es simple, es precisamente eso, crear nuevas realidades y acercarlas a los objetivos de negocio. Intentar fundamentar cierta certidumbre dentro de la era de la incertidumbre es, precisamente, lo que hacemos los estrategas de Comunicación y Marketing.

Y podemos ver que esta es la única respuesta tras hacernos una pregunta fundamental: ¿quiénes son los que han crecido e incrementado sus fortunas? Aquellos quienes, como LVMH, han aumentado su inversión en estos rubros. Por ejemplo, entre 2023 y 2023 incrementaron en 9% su inversión en marketing y su facturación aumentó en la misma proporción.

Esto sin tomar en cuenta otras acciones que se realizan para fortalecer la reputación del Grupo en rubros que, si bien parecieran ser un imprescindibles para los expertos en Comunicación y Marketing, parece no serlo para los CEO's y cabezas de las áreas de finanzas y administración.

Por ejemplo, preservando y transmitiendo habilidades y experiencia a las comunidades con y en las que se trabaja, enfatizar la inversión en los países origen de las empresas, comunicar acerca de la contribución que se hace a partir de los impuestos pagados, apoyar organizaciones sin fines de lucro y fundaciones benéficas, así como contribuir a disminuir las brechas entre personas, por mencionar solo algunas.

El caso de México merece mención aparte. En 2008 y frente a la crisis inmobiliaria en Estados Unidos, Gabriel Guerra, uno de los pioneros de la Comunicación Estratégica en nuestro país, señaló contundente: nuestro sector no tiene motivos para preocuparse pues cuando hay crisis es posible que las empresas disminuyan sus gastos en Marketing, pero también altamente probable que aumenten la inversión en Comunicación Estratégica.

En efecto, esa época fue una de las que mayor crecimiento tuvo el sector. No solamente eso, la crisis por influenza AH1N1 que inició en 2009 precisamente en México, fue una gran oportunidad para que la Comunicación Estratégica demostrara, una vez más, sus bondades. Es cierto, no tuvo la duración ni el impacto que el Covid-19, pero eso también es consecuencia de que se comunicó eficaz y oportunamente.

El cambio de régimen en 2018 modificó en mucho el escenario de México, pero en especial la forma en la que se comunica e hizo más precavidos a los financieros de los corporativos porque el contexto mal analizado es el peor consejero. De esta forma, la incertidumbre se ha convertido en menores presupuestos y por tanto han limitado las acciones y resultados de la Comunicación a favor del negocio.

Aunado a esto y como he insistido en mi columna de opinión #Blindspot desde hace algunos años, los corporativos y líderes empresariales han abusado del mensaje clave que señala que llevan muchos años en México, que confían en el país y que "por peores" situaciones han pasado. Resultado, ya no construye reputación y solo les permite seguir en el juego de los empresarios en política.

¿Qué nos permite afirmar que la Comunicación es la respuesta en la Era de la Incertidumbre?

Cuatro situaciones probadas y comprobadas en los hechos:

1. El número de consumidores va solo en aumento porque es la tendencia demográfica global, pero sobre todo porque esos ciudadanos están ávidos de consumir. Por ejemplo, el mercado de productos y servicios de lujo va a crecer de 400 a 500 millones de personas para 2030[2]. Muchas cosas van a pasar en el mundo en los tiempos por venir menos una: un decrecimiento del consumo ya sea porque como

ha pasado hasta ahora, va a seguir habiendo recursos económicos (hoy hay más millonarios que nunca) para consumir. O, a pesar de que una proporción importante de la población tenga menos dinero destinado a consumo, el número de esas personas va a seguir creciendo.

2. Los consumidores están desesperados por experiencias que los hagan sentir únicos. Esto no se refiere únicamente a las marcas de productos y servicios de lujo pues el factor aspiracional es altamente contagioso, sobre todo en culturas como la mexicana y latinoamericana. Además, la experiencia ha dejado de ser exclusiva para la gente de alto poder adquisitivo. Un gran ejemplo en México es Banco Azteca, quienes iniciaron en el nicho de menor poder adquisitivo ofertando tecnología de punta que significa una experiencia para el usuario y ahora muchos clientes de banca patrimonial y empresarial están migrando sus cuentas a esa entidad financiera.

3. Hoy tenemos más herramientas para comunicar y como era natural, hace algunos años todo se volcó en las redes sociales y el surgimiento de influenciadores; sin embargo, en la siguiente etapa el éxito estará en la correcta distribución de esfuerzos e inversión de comunicación en todas las herramientas. Más adelante hablaremos de los casos en los que es útil difundir información a partir de un líder de opinión y aquellas en las que se hace a través de un influenciador. Atentos que no se trata solamente de razones de consumo o reputación. Es decir, los líderes de opinión también sirven para generar ventas, y los influenciadores también pueden contribuir a erosionar la reputación. Les adelanto que hay una fórmula del éxito.

4. Las estrategias de comunicación y los presupuestos destinados a la implementación están siendo limitados a determinadas herramientas de la Comunicación. Por ejemplo, basado en los datos que nos arrojan las redes sociales

estamos tomando decisiones respecto a qué funciona y qué no una vez que lanzamos el mensaje. Es decir, probamos que lo que dijimos funcione bien en redes sociales, pero olvidamos usar la Investigación en Opinión Pública Aplicada a la Comunicación para desarrollar el mensaje y obtener un triunfo doble: que el mensaje que lancemos es el que va a resonar en nuestra audiencia-consumidor y a la vez que lo que lanzamos a través de las redes funcione en el medio en el que lo estamos lanzando.

Es cierto, hay una demanda cada día mayor de los inversionistas por obtener una mayor utilidad y eso pasa por reducir presupuestos. Pero, también es verdad que por hacer un uso más eficiente de los recursos porque lo que buscamos no es solo aumentar la facturación, sino también la utilidad después de impuestos. Eso también se puede lograr con la Comunicación.

Tercero: aparecer en un medio no significa estar

Es común que relacionemos a la Comunicación únicamente aquello que alcanzamos a ver. Es decir, el spot de televisión, la historia (story) del influencer, y TikTok, la nota publicada en un medio o la entrevista en radio o televisión.

Consecuencia de eso, en el sector hemos visto como proliferan las empresas o personas que se dedican específicamente a lograr que la nota sea publicada dejando en la apariencia la necesidad de una estrategia y con ello se alimenta el ego de aparecer en un determinado medio, pero esto es efímero porque responde únicamente a lo inmediato.

Por ejemplo, es habitual que estas personas tengan acuerdos con empleados de los medios de comunicación y que suban "la nota" a las ediciones online sin pasar por revisión editorial. Esto es terrible para los medios porque rompe la cadena de la información y trasgrede en mucho sus políticas editoriales y transparencia.

El nivel ha llegado a tales niveles que actualmente hay empresas que a través de contenido pagado en redes sociales tales como Instagram, promueven que si llevan a cabo esta práctica poco ética van a aparecer en los medios más renombrados de México.

Lo que es más grave, ver a la Comunicación de manera limitativa o simplemente tratar a los medios solo como "medio para hacer llegar información", ha contribuido en que perdamos la brújula porque sabemos donde estamos apareciendo pero no necesariamente para donde vamos. El norte perdido en la vanidad de aparecer en una nota, versus el norte como punto de referencia para construir reputación y contribuir en los objetivos de negocio.

A lo largo de este capítulo hemos analizado en función de datos y hechos cómo el consumo es y será el rey y la reina en la toma de decisiones, a pesar de que en apariencia sean más importantes otros temas como la persona que ocupe la Presidencia de la República en el próximo periodo. Más adelante analizaremos datos que así lo confirman.

Es natural que lo veamos así, porque muchos de los espacios por los que competimos comparten páginas o un espacio en el ciberespacio junto con esas notas.

La Era de la Incertidumbre es una realidad. Mis votos son para los tomadores de decisiones del sector público y privado, así como que los empresarios retomen a la Comunicación como Brújula.

CAPÍTULO 2

¿CÓMO DESBLOQUEAR EL POTENCIAL DEL MERCADO?

Spoiler ALERT: la respuesta a lo que nos cuestionamos es simple: el potencial del mercado se desbloquea con inteligencia sobre el poder adquisitivo y las elecciones de consumo de la población, no a través de los indicadores económicos macroeconómicos que cada vez tienen más puntos ciegos #Blindspot.

El error que estamos cometiendo es que, hasta hoy, hemos estado buscando herramientas o voces que se acerquen al 100% de efectividad y no aquellas que nos ofrezcan una visión 360 grados que nos permitan tomar decisiones más acertadas. No se trata de atinarle o decir "te lo dije", sino de disminuir el error y que eso se refleje en los resultados y objetivos financieros de la empresa.

> *"El potencial del mercado se desbloquea con inteligencia sobre el poder adquisitivo y las elecciones de consumo de la población".*

Hoy estamos frente a dos escenarios. Pero ninguno está respondiendo a las necesidades integrales que tenemos para que la comunicación construya y fortalezca la reputación, al mismo tiempo que contribuya de manera importante a los objetivos del negocio.

1. La incertidumbre

El primer escenario está relacionado con lo que analizamos en el capítulo anterior: ni los más experimentados analistas y economistas están acertando en predecir el comportamiento futuro de la economía en la *Era de la Incertidumbre*.

Lamentablemente, las voces expertas y con mejor reputación han pasado del "análisis predictivo" a "atínale al precio", llegando a presentar cierto descontrol frente a las circunstancias actuales.

La razón es simple, antes la economía se explicaba en función de las decisiones gubernamentales y del banco central. En general, se tenía en cuenta la macroeconomía como norte. Hoy, como mencionamos anteriormente, es en función del poder adquisitivo y el consumo, lo cual no es una medida estable, sino que cambia y crece todos los días.

Esto sucede en México, pero también en el mundo y se puede demostrar a través de datos estadísticos que están disponibles actualmente y que podemos comparar por simple observación.

A continuación, te presento un cuadro para el estudio superficial del comportamiento de la Clase Consumidora de Norteamérica[3] en comparación con la inflación[4] de cada uno de los países que la integramos.

	Norteamérica Comparativo año contra año		Inflación		
	Crecimiento poblacional	*Crecimiento en el Gasto*	*Canadá*	*Estados Unidos*	*México*
2020	No aplica		0.73%	1.36%	3.15%
2021	0.8%	13.2%	4.80%	7.04%	7.36%
2022	0.8%	9.6%	6.32%	6.45%	7.82%
2023	0.8%	6.5%	3.40%	3.35%	4.66%

Este comparativo no pretende ser un estudio económico preciso. El objetivo es mostrar que la inflación explica solo en una parte el crecimiento en el gasto o *spending* de los ciudadanos y que este es superior al aumento de los precios. Por lo tanto, nos da una perspectiva de por qué el comportamiento de la clase consumidora es tan relevante en la Era de la Incertidumbre, específicamente para la Comunicación Estratégica.

Prestemos atención por un momento. No estamos hablando del gasto en su acepción macroeconómica, sino micro. Es decir, hacemos referencia específica a lo que gasta la clase consumidora, que está comprendida por personas que son capaces de gastar entre $12 y 120 diarios, y la clase alta, cuyos gastos exceden los $120 diarios. Esto se explica con más facilidad en el siguiente gráfico:

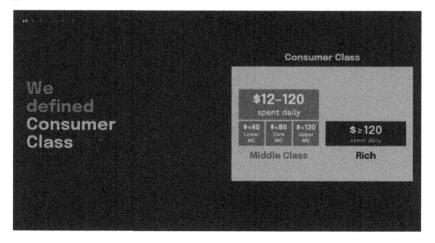

Fuente: WorldData.Lab

2. Las redes sociales y TIC actuales

El segundo escenario es el de las redes sociales que tienen dos reglas: la primera es prueba y error de los contenidos. La segunda es la información y data que nos brindan y que nos permiten medir la efectividad de las publicaciones. En función de ello, podemos ir adaptando los contenidos y la estrategia para alcanzar una mayor efectividad.

Su límite está en que la interacción y *engagement* no necesariamente se convierten en consumo. Así que, inevitablemente nos quedamos cortos, porque la medición del mensaje y efectividad es *a posteriori*. Eso significa que no sabemos si funcionó hasta que se realizó la inversión y ya es tarde para dar marcha atrás en el gasto económico en la campaña de comunicación. Si bien es cierto que hay muchas herramientas que prometen disminuir este margen de error, la realidad es que no lo hacen del todo.

Las redes sociales son un medio más para desbloquear el potencial del mercado, pero no el objetivo en sí mismo. Es decir, son útiles para llegar a un consumidor *targeteado* y construir tendencias, pero no para tener una visión integral de lo que el mercado representa para ti en la realidad porque les habla a los consumidores y mide sus reacciones, pero no lo comprende en su totalidad. La información que nos brinda es solo una de las muchas ventanas de data que se requieren para construir una estrategia efectiva.

3. Estudio especializado

Hay una tercera vía, la de World Data Pro, que proporciona inteligencia sobre el poder adquisitivo y las elecciones de Consumo del 99.5% de la población mundial en 184 países. En ello, hacen predicciones hasta el año 2034.

¿Por qué es tan relevante? Porque en la Era de la Incertidumbre el reto es hacer valer el mercado, tal como escribí en mi columna #Blindspot publicada en El Universal el 14 de febrero de 2024.

> *"En la Era de la Incertidumbre el reto es hacer valer el mercado".*

Para evidenciarlo, bastan algunos datos de WorldData.Pro que nos permitirán comprender profundamente por qué el consumo es tan importante para la Comunicación y cómo es que el hecho de tener una nueva forma de analizar la información nos da una visión 360 grados. Esto nos permite ser más asertivos en las decisiones y en la forma de comunicar.

Pero vamos un poco más allá. Los datos de WorldData.Pro nos muestran por qué la región de Norteamérica es tan relevante para el escenario global ya que, a pesar de que representa alrededor del 7.5% de la población mundial, el porcentaje de gasto está alrededor del 35% del consumo de todo el mundo. Vamos a verlo:

	Global	Norteamérica		
	Gasto diario per capita	Gasto diario per capita	+ % del gasto mundial	+ % Comparado con el promedio global
2020	$16.71	**$75.38**	34.2%	351.3%
2021	$18.67	$84.88	34.4%	354.5%
2022	$19.41	$92.26	35.9%	375.4%
2023	$20.18	$97.45	36.4%	382.9%
2024	$20.96	$100.58	36.2%	379.9%
2025	$21.93	$104.13	35.7%	374.9%
2026	$22.88	$107.69	35.4%	370.7%

Es cierto, estos datos también muestran las enormes diferencias entre los países y regiones del mundo, así como una actitud de anticipación o prevención frente a un riesgo latente de recesión. No obstante, esos temas son objeto de análisis para otro libro.

En lo que nos corresponde durante este estudio, está claro el atractivo del potencial del mercado y su crecimiento sostenido, específicamente en la región de Norteamérica.

¿Qué pasó en otras regiones del mundo en 2023?[5]

	Gasto diario per cápita	% comparado con el gasto promedio diario global	% de la población mundial
Global	$20.18	-	-
Norteamérica	$97.45	382.9%	7.5%
Asia	$10.67	-47.1%	58.9%
Africa	$3.59	-82.2%	18.1%
Europa	$49.85	147.1%	9.3%
América del Sur	$16.15	-20.0%	5.6%
Oceanía	$63.46	214.5%	0.5%

El comportamiento de la Clase Consumidora Global nos deja, al menos, tres lecciones clave:

1. La estructura de manufactura global no se está reestructurando únicamente para acercar, o **#Nearshoring,** las cadenas de suministro ante el riesgo de otra pandemia global. En realidad, es una **#Relocalización** para acercar esa estructura a dónde está el poder del consumo, no solamente a los países en los que está el mayor número de consumidores.

2. Estamos entrando a la era en la que importa el número de consumidores de todo el mundo incluyendo Asia, pero sobre todo el potencial de mercado de la Clase Consumidora, con mayor influencia en el sector norteamericano.

3. Las marcas de lujo de productos y servicios, como vimos en el capítulo anterior, están muy conscientes de esta realidad y la están comunicando de forma eficiente, pero debemos entender que la oportunidad no solamente es para ellos, nosotros también podemos tomarla.

¿En dónde están las áreas de oportunidad?

La respuesta es simple: en romper los mitos que hemos construido y que parecen indicar que el poder de los pobres está en que, desafortunadamente, son más.

Vámonos a los ejemplos. En los siguientes datos de World-Data.Pro observamos que la región de Norteamérica, la distribución de la riqueza hecha visible a partir del gasto es relativamente equitativa. Atentos, no justa, pero si equitativa. Debo hacer la salvedad de que el caso específico de México es distinto, pero estos datos nos sirven como una base para empezar.

Al observar los siguientes gráficos podremos ver que, en 2020, el número de personas que gastan menos es prácticamente el mismo que los que gastan más. Aquellos que en 2020 gastaron menos de 12 dólares al día son 112.5 millones, mientras quienes gastan más de 120 dólares al día son 114.1 millones. En esto, podemos también evidenciar que el grueso de personas está en la clase media consumidora.

Spending Distribution

North America - 2020

All age groups   **Total Spending**

Spending Daily	People Count	Demand Total Spending	Spending Share
$<12	112.5mn	$142.6bn	1%
$12–40	142.3mn	$1.1tn	7%
$40–80	132.5mn	$2.8tn	17%
$80–120	82.1mn	$3tn	18%
$>120	114.1mn	$9.2tn	57%
Total	583.5mn	$16.1tn	100%

Distribución del Gasto en 2020 en Norteamérica.
Fuente: WorldData.Pro

Ahora, si observamos los datos de 2023, observaremos que disminuyó el número de personas que gastan menos. Esto implica que hay avances a pesar de lo que dicen los indicadores macroeconómicos tradicionales y considerando que este análisis está centrado en el potencial que da el mercado de consumo para la comunicación. La razón tras ello es la independencia del papel del crédito en la economía. En pocas palabras, no se puede gastar lo que no se tiene.

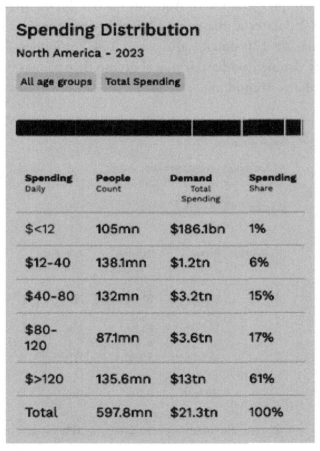

Spending Distribution
North America - 2023

All age groups   Total Spending

Spending Daily	People Count	Demand Total Spending	Spending Share
$<12	105mn	$186.1bn	1%
$12-40	138.1mn	$1.2tn	6%
$40-80	132mn	$3.2tn	15%
$80-120	87.1mn	$3.6tn	17%
$>120	135.6mn	$13tn	61%
Total	597.8mn	$21.3tn	100%

Distribución del Gasto en 2023 en Norteamérica.
Fuente: WorldData.Pro

Hay otro factor, y es el papel de las ciudades en la economía mundial. En este punto, dos datos clave de WorldData.Lab deben estar en nuestra matriz de decisiones: el 61% del crecimiento de la población ocurrirá en ciudades que hoy en día tienen menos de un millón de habitantes.

Y, para 2040, habrá 936 ciudades ricas en el mundo, 3 veces más que hoy. No solo esto, seguiremos poniendo atención al crecimiento de la economía de los países, pero las ciudades se volverán tanto o más relevantes que esto.

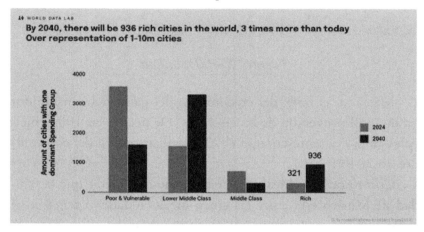

Fuente: WorldData.Lab

La razón es simple, hay ciudades en el mundo que crecerán más que muchos otros países.

De acuerdo con WorldData.Lab, las 20 ciudades más grandes y principales del mundo representan el 13% de la demanda global total de consumo actual.

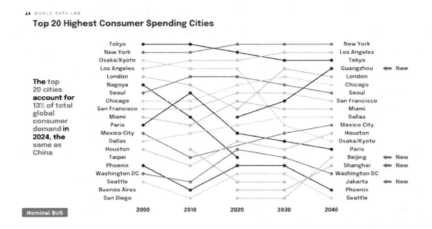

Fuente: WorldData.Lab

Más aún, el 83% del crecimiento del gasto del consumidor hasta 2040 provendrá de las ciudades. De hecho, las 100 principales ciudades representarán el 23% del gasto total del consumidor en 2040[6].

Con respecto a México, tenemos que considerar que la Ciudad de México está entre las cinco mega ciudades a tener en el radar junto con Yakarta, Nueva Delhi, Manila y El Cairo. Y, Mexicali, Baja California, entre las cinco pequeñas ciudades que también debemos tener en consideración para la expansión del mercado global desde ahora hasta el 2040.

Y es aquí donde llegamos al spoiler del que te hablaba en un principio: el potencial del mercado se desbloquea con inteligencia sobre el poder adquisitivo y las elecciones de consumo de la población.

¿Por qué se potencia? Sencillo, el crecimiento y el potencial está en las ciudades, aún por encima de los países, y solo será posible a través de

"La Comunicación Estratégica que nos permite contribuir o darle la vuelta a la agenda de debate público para ser constructores de tendencias".

la Comunicación Estratégica que nos permite contribuir o darle la vuelta a la agenda de debate público para ser constructores de tendencias, o *trendsetters* y no seguidores de ellas, o *trendfollowers*.

Recuerden, el mercado no es de quien lo trabaja, es de quien lo entiende. Hoy, el entendimiento no se limita a opciones de compra o formas de influir en su decisión, sino en construir estrategias de comunicación integrales que pongan a la Clase Consumidora en el centro de la toma de decisiones.

CAPÍTULO 3

MERCADO VS POLÍTICA: LA BATALLA POR LA INFLUENCIA

Todas las mañanas de mi vida leo al menos siete periódicos en la versión impresa digital. Los cinco principales diarios nacionales y dos internacionales que voy rotando, porque me permiten comprender tres cosas fundamentales para la toma de decisiones como estratega de Comunicación y Asuntos Públicos:

En **primer lugar**, detallo los **temas que están siendo impulsados** que se convierten en agenda, ya sea por el medio, el poder o el ecosistema.

La experiencia me permite identificar de quién es el interés a través del cual se determinó que una temática sea parte de la agenda solo por las características de la información. De la misma manera, puedo ver qué temas están siendo impulsados, detenidos o cercados por el poder político o económico; e incluso aquellos que, sin ser tema de interés público, se convierten en agenda por un interés particular.

No hay síntesis de prensa, por maravillosa que sea la empresa de monitoreo, que te permita tener esta visibilidad. En resumen, eso que comúnmente llamamos análisis de coyuntura, sobre el que los clientes de 27 Pivot tienen un especial reconocimiento por nuestra efectividad. A esto se suma el hecho de ser una herramienta clave dentro de sus organizaciones, porque limita el margen o riesgo de error en la toma de decisiones.

Es muy ilustrativo también observar las diferencias entre la agenda en México y la de otros países. Más aún cuando ponemos especial atención a las notas e información que los diarios internacionales publican sobre nuestro país. Entre otras cosas, esto deja en evidencia el cerco informativo que el poder económico o político genera en nuestro país y, por tanto, los pilares bajo los que se está construyendo la opinión pública.

En **segundo lugar**, observo de primera mano **qué están haciendo y comunicando los competidores** de los clientes de 27 Pivot, al tiempo que identifico cuáles temas están siendo de interés para los medios.

Esta información me permite ser más puntual a la hora de hacer recomendaciones tácticas, así como perfilar con mayor efectividad todos los documentos de comunicación. Particularmente, aquellos que van dirigidos a medios de comunicación y necesitamos que logren un espacio editorial.

Conscientes de la importancia de esto, desde la fundación de 27 Pivot en 2013 construí el documento conocido como *Snapshot,* que tiene como objetivo que nuestros clientes y tomadores de decisiones no inviertan más de dos minutos en conocer los temas que son la agenda actual en los medios. Es más que una síntesis de prensa porque está pensado para generar el mismo efecto informativo que si hubiesen leído los cinco principales diarios mexicanos.

En **tercer lugar**, doy **seguimiento a esos temas** que están en la delgada línea entre el **interés económico y político**, es decir, las notas de negocios y empresas.

La Batalla por la Influencia entre el Mercado contra la Política

Para comprender a profundidad este tercer punto debemos partir de la realidad de que, en México, la gran mayoría de las noticias de negocios en periódicos impresos tiene como audiencia el gobierno y las autoridades.

En un capítulo más adelante analizaremos cómo esto, poco a poco, va cambiando y una adecuada estrategia de comunicación permite contribuir incluso en el cumplimiento de los objetivos del negocio relacionados con las ventas.

Por su parte, las revistas especializadas de negocios y de nicho por industrias son un diálogo entre el sector empresarial y, en muchas ocasiones, entre competidores. Así, en esta conversación a través de los medios se construye también reputación e influencia.

Es precisamente en este último punto en el que versa *La Batalla por la Influencia entre el Mercado contra la Política*. Para comprender mejor la diferencia es necesario hacer algunas precisiones:

- **Hablamos de mercado y no poder económico** porque son dos cosas distintas. El mercado es el poder adquisitivo y las elecciones de consumo de la población, mientras el poder económico es la antítesis del poder político. El mercado comercia con dinero y deseo de compra, el poder económico con influencia en el poder político. Con ello generan estructuras de generación de riqueza, no siempre impolutas, pero siempre poderosas.

- **Decimos política y no poder político** porque el primero se refiere a la lucha constante y eterna por el poder de los entes que buscan llegar o mantenerse en ello. Por otra parte, el poder político responde a quienes, independientemente de tener una posición administrativa, aunque sea la de presidente de la República, tienen el poder de influir en las decisiones políticas. Desafortunadamente en países como México, en esta última categoría se debe incluir incluso al poder del narcotráfico y el crimen organizado o delincuentes disfrazados de empresarios. También a esos políticos que, a pesar de haber estado en la cárcel por corrupción, insisten en continuar en ese camino. En otras palabras, una amplia gama de grises.

- Finalmente es importante considerar que cualquier intento por influir en la agenda política desde la empresarial debe considerar que **la pasión por la política y el poder público siempre va a generar más audiencia** y reacciones que cualquier noticia de empresa o corporativa por más impacto que ésta tenga en la economía. Vámonos a los ejemplos. Nada más potente para generar *views, reposts, quotes, likes y bookmarks* que postear los resultados de cualquier encuesta a la presidencia de la República en época electoral.

Estos elementos son fundamentales para construir y desplegar cualquier estrategia de comunicación en países como México, en los que no hemos terminado de entender el poder del mercado o queremos seguir subordinándolo a la política y al poder empresarial y político.

Prueba de ello son anuncios de inversión contradictorios. Por ejemplo, mientras AWS invierte cinco mil millones de dólares en México en el marco de las elecciones presidenciales en Estados Unidos y en nuestro país, otros corporativos informan que disminuyen en alrededor de 19% los montos de inversión para 2024 en comparación con 2023.

Está claro, en el escenario de AWS gana el mercado; mientras que en el de las otras empresas, la coyuntura y la política.

Así que, en la Era de la Incertidumbre, es importante señalar que los países e industrias que están logrando crecer contracorriente son aquellos en los que el mercado pasa de la política por el poder que representa la Clase Consumidora.

Además, otro de los fenómenos que estamos observando es que aquellos países, industrias y empresas que, a pesar de haber vivido las virtudes de la división, como en el caso de Estados Unidos, empiezan a ver disminuido su poderío cuando la política empieza a ganar en los rounds en los que se bate contra el mercado.

El mejor ejemplo es Donald Trump quien, a pesar de haber sido un ganador dentro del mercado, desde la política busca imponerse, desdibuja las libertades y a su propia idea de democracia.

Frank Underwood, de la serie House of Cards, lo resumió en una frase: "El dinero es la mansión que comienza a desmoronarse después de 10 años. El poder es el viejo edificio de piedra que perdura por siglos. No puedo respetar a alguien que no ve la diferencia".

Cuando los estrategas de la comunicación comprendemos esto con claridad nos permite precisar la realidad que vamos a crear a través de las distintas herramientas a nuestro alcance para lograr los objetivos de nuestros clientes o la empresa para la que trabajamos, sobre todo en la Era de la Incertidumbre. También, al partir de la realidad buena, mala o regular, podemos blindar nuestros flancos informativos y demás detalles que rodean la comunicación per se. Con ello lograremos que el edificio perdure por siglos.

He allí la importancia de definirlos con claridad y jugar entre ellos porque, como lo muestra la imagen que vemos aquí debajo, el Mercado y la Política encuentran su único punto en común en la Comunicación y los Asuntos Corporativos. Solo una buena estrategia hace que no sea uno o el otro quien gane, sino la batalla por la influencia que se logra a través de un esfuerzo en conjunto.

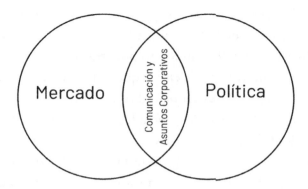

Vayamos más profundo, analizando cada uno de ellos. Este análisis nos permitirá diseñar y ejecutar con mayor precisión estrategias de Comunicación en la Era de la Incertidumbre y con ello crecer contracorriente.

El mercado: El reinado de la Clase Consumidora

Entre 2018 y 2024, las decisiones políticas han amenazado una y otra vez a la economía. Lo sorprendente es que no solo no ha habido una catástrofe importante, sino que, frente a toda predicción hecha bajo las premisas del pasado, los mismos indicadores económicos que antes se hubiesen desmoronado frente a nuestros ojos, hoy se han fortalecido.

Tal es el caso del tipo de cambio Peso - Dólar que se ha apreciado y demostrado su fortaleza. Esto, a grandes rasgos, se explica por las políticas económicas implementadas post Crisis del Tequila 1994 – 1995. Así como las históricas remesas que recibimos y la economía mexicana como factor de cohesión entre diferentes países en el mundo post Covid.

Esto ha generado una calma aparente, reinada por la incertidumbre, es decir, cosas importantes han seguido pasando para la economía y el mercado de consumo mexicano. Lo que muchas veces obviamos es que el mercado es precisamente el motivo de esta conjunción entre estabilidad y crecimiento.

Partamos de que, de acuerdo con WorldData.Lab, México se encuentra entre los 20 mercados de consumo más grandes del mundo y es uno de los 15 países cuya revisión del nivel del gasto del consumidor va en alza. En la última proyección para 2024, se registró un aumento de 0.61% respecto a la previa, lo que representa 8.3 mil millones de dólares[7].

No solo eso, el mercado y su comportamiento explica también muchas de las acciones de los políticos en el poder que parecieran no tener lógica de mercado, pero tienen lógica política.

El siguiente gráfico de WorldData.Lab muestra que los mercados de consumo que han tenido revisiones en alza están principalmente en la región de Norteamérica y una parte importante de Sudamérica.

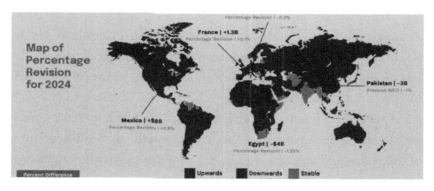

Fuente: WorldData.Lab

Cuando observamos este fenómeno, entendemos por qué Estados Unidos es particularmente cauteloso con respecto al poder político mexicano durante la Administración en curso de 2018 – 2024. Además, podemos observar que está cimentado en altos niveles de aprobación reflejados en los estudios demoscópicos. Nadie en su sano juicio se pelea con el poder del mercado y mucho menos el acceso a uno tan cercano que está en expansión, como es el caso de México.

Esto también explica por qué el autoritarismo en nuestro país tiene una frontera clara que no necesariamente está en la ley, sino en las fuerzas del mercado.

En el momento en el que el poder político atenta contra la Clase Consumidora de la que hemos hablado unas páginas atrás, quedará claro que está disparando contra sí mismo porque en cada operación de consumo de este mercado hay un porcentaje de al menos el 16% del valor de la compra que va directamente a la cartera gubernamental.

> *Nadie en su sano juicio se pelea con el poder del mercado y mucho menos el acceso a uno tan cercano que está en expansión.*

Si observamos con detenimiento, a pesar de todas las decisiones aparentemente descabelladas que se tomaron desde el poder político, la gran mayoría atentaron contra el potencial extra de crecimiento de la economía, pero ninguna, ni la cancelación del NAIM, atentó contra los ingresos básicos del Gobierno.

Aquellos en los que se invirtió sin cuidado financiero, como podría ser la Refinería de Dos Bocas, puede no significar una utilidad financiera, pero sí política. El gasto se justifica de todas maneras, pero no genera beneficios en términos de mercado, o sí lo hace, pero no tienen que ver con el crecimiento del que hemos estado hablando.

El Tren Maya, sin considerar los posibles daños ecológicos, más temprano que tarde generará ingresos que permitirán disfrazar los sobrecostos y las pérdidas que hay en esta obra. Además, en el corto y mediano plazo no hay daño a la reputación gubernamental. Así que todos conformes, ¿no?

En contraste, los ajustes a la baja se dan mayoritariamente en países de Asia, África y Europa. Prestemos especial atención a China, porque la apuesta de México por el Nearshoring es demasiado alta y en este hecho hay al menos dos verdades: la primera es que las inversiones chinas en México relacionadas con la relocalización, y la segunda es que el mercado mexicano compensa, al menos en parte, la caída del número de consumidores en China y el monto de gasto.

El mercado del voto: El campo de batalla

Para la elección 2024, que será la más grande la historia de México, la Lista Nominal; es de 98 millones 909 mil 770 ciudadanos incluyendo a votantes nacionales y extranjeros. Para contextualizar, esta lista está conformada por aquellos que cuentan con credencial para votar vigente, es decir, que cumplen con las condiciones mínimas requeridas por la legislación vigente para ejercer su derecho al voto.

En 2018 la participación fue de 63.42% por lo que, si esa cifra se replica en 2024, un total de 62 millones 728 mil 576 ciudadanos ejercerían efectivamente su derecho de votar.

En este punto, la clase consumidora le gana a la clase votante en número, pero no en escándalo. Como decíamos anteriormente: nada o casi nada le gana al ruido que genera publicar en redes sociales una encuesta sobre las preferencias electorales de los mexicanos rumbo a una elección presidencial.

> *"Nada o casi nada le gana al ruido que genera publicar en redes sociales una encuesta sobre las preferencias electorales de los mexicanos".*

El poder económico y el poder político: Las complicidades y diferencias

La batalla por la influencia entre el mercado y la política es la fuerza centrífuga que mueve a la opinión pública.

En el fondo, no se trata de si gana uno u otro, sino de cómo el mercado aprovecha esta lucha para fortalecerse y, sobre todo, de que esta batalla nunca limite o silencie al poder del consumo.

El día que eso suceda, la madre de todas las batallas, la de la libertad, estará perdida. Antes de que eso suceda, la comunicación efectiva y eficiente será siempre una forma de contribuir a generar ese equilibrio.

CAPÍTULO 4

Y, A PESAR DE ELLO, LA POLÍTICA NOS SIGUE IMPORTANDO

A lo largo de mi vida, prácticamente desde que nací, he observado muy de cerca a los grandes tomadores de decisiones dedicados a construir y ejercer el poder político y económico.

Han sido muchos gobernadores, secretarios y subsecretarios de Estado, titulares de oficina de inteligencia y seguridad, senadores, diputados y directores genérales de las más importantes instituciones de México, así como de muy relevantes posiciones dentro de la Presidencia de la República. También he tenido conversaciones profundas con grandes empresarios, CEO's de miembros de la C-Suite de importantes empresas globales y nacionales.

> "El poder económico da envidia. El poder político seduce. La vida pública es el baile entre ambos".

Puedo resumir lo observado y conversado con todos ellos en tres frases sencillas: El poder económico da envidia. El poder político seduce. La vida pública es el baile entre ambos.

51

Ahí se encuentra la razón principal de porque la que la política nos sigue y seguirá importando a pesar de que, como hemos analizado en los capítulos anteriores, la Clase Consumidora ejerce el reinado del mercado.

El arte de construir y ejecutar una estrategia de Comunicación, Asuntos Públicos y Corporativos, está precisamente en bailar a un ritmo que tenga sentido lógico, respete a todos y logre los objetivos de negocio planteados. Para hacerlo, la clave en la Era de la Incertidumbre está en que "escuchemos la canción más allá de las palabras"[8].

> *"El éxito estuvo en que implementamos una estrategia que no siguió la receta, pero sí siguió los principios de la fórmula".*

Uno de los ejes argumentativos de mi columna de opinión semanal #Blindspot durante este sexenio, ha tenido como base el estudio de que en que los discursos y acciones de Andrés Manuel López Obrador, Presidente de la República 2018 - 2024, "solo sorprende a quienes no han querido ver y escuchar las verdades que él pronuncia, desde siempre, sobre su persona."[9]

Seamos honestos, no ha habido sorpresas. Lo que sucedió es que la opinión pública no supo escuchar la canción más allá de las palabras y bailamos al son de la nota del día, no la profundidad de la información. Este error, no debe volverse a cometer, aunque sea muy fácil tropezarse con él por la fuerza de su inercia.

López Obrador dijo "al diablo con sus instituciones" y hoy los órganos autónomos ya son vecinos de satanás. Algunas ministras y un ex ministro de la Suprema Corte de Justicia de la Nación ya contactaron a la agencia inmobiliaria de Lucifer para cambiar de domicilio. Los ejemplos son muchos: NAIM, AIFA, Dos Bocas, Tren Maya, etcétera.

Y antes de seguir detallando esto, haré una pausa aquí para explicar la diferencia entre incertidumbre, profecía auto cumplida y obsesionarse con que suceda lo que yo quiero. Esto a fin de que se entienda muy bien lo que quiero expresar con este punto.

- **Por incertidumbre** y, sobre todo, en su Era, nos referimos a dos cosas: la primera es que, a pesar de aplicar la regla, tendemos a evitar la excepción a la regla y esperamos que suceda exactamente lo contrario a lo que señala la regla. La segunda son los hechos o fenómenos que, aunque hayan sucedido en el pasado, suceden bajo premisas totalmente distintas. Por ejemplo, la humanidad ha transitado por varias pandemias, pero nunca en un mundo hiper comunicado ni en el que las cadenas de suministro se entrelazaban aún a miles de kilómetros a distancia.

- **Por profecía auto cumplida**, nos referimos a toda acción premeditada y sobre la que se construyó una estrategia para que pase lo que se dijo que iba a pasar. Y si no pasa, la estrategia tiene una alternativa para ganar de cualquier forma. Aunque no sea políticamente correcto aceptarlo, este es el terreno común de los estrategas de Comunicación y Asuntos Públicos. No le digan a nadie, pero también lo más divertido de esta profesión.

- **Por obsesionarse con que suceda lo que yo quiero,** entendemos toda acción que, bajo el ejercicio del poder, sucede a pesar de que la realidad se niega a permitirlo. Este es el riesgo más grande y el error más común que cometen los políticos en el poder o los empresarios que olvidaron que en el mercado a veces se pierde y otras tantas se gana.

La pausa era necesaria, porque en el hecho de perderse entre estas tres precisiones está la fuente de los errores más comunes al construir e implementar una estrategia en la Comunicación. Asimismo, es la razón por la que muchos no han logrado un Crecimiento Contracorriente como se esperaría de quienes analizan y practican la comunicación estratégica.

Además, los conceptos clarificados nos muestran por qué la política sigue y seguirá importando: el dinero de los empresarios es la envidia de los políticos porque nunca han sacrificado su ingreso por pagar la nómina. El poder de los políticos es lo que persiguen muchos empresarios, porque puede más que el dinero. Y así sucesivamente, mientras cada uno de ellos se hace el importante, ambos persiguen lo que el otro tiene.

Ante este escenario tan crudo y, al mismo tiempo, tan apetecible como un buen sashimi, en la Era de la Incertidumbre no se trata de decir lo que sea que queremos a pesar de que tengamos la razón. Se trata de tejer nuestro interés con el de la autoridad y eso solo se logra escuchando la canción más allá de las palabras.

¿Cómo escuchar la canción que va más allá de las palabras?

La fórmula prevalece en el tiempo. Lo que lo hace poderoso es nuestro poder de análisis y de construir la narrativa. Pero más aún, los pasos que debemos seguir para lograr el objetivo. Esto nunca debe seguir un camino por el simple hecho de que funcionó en el pasado, porque los casos, por más parecidos que sean en apariencia, no lo son en el fondo. Durante mis 15 años de experiencia como estratega en Comunicación y Asuntos públicos he encontrado en esto el error más común, porque puede dar el resultado esperado, pero no necesariamente el resultado posible.

Quiero darte algunos ejemplos, pero en ellos no daré nombres ni fechas exactas para respetar el contrato de confidencialidad y la confianza depositada en nosotros.

En el ocaso de la Administración Peña Nieto (2017) una empresa del sector energético se acercó a 27 Pivot porque su *Brand Claim* estaba claramente identificado por sus clientes y consumidores, pero también por sus competidores.

El reto era que, por momentos, su competencia estaba actuando más rápido que ellos. Esto, con el tiempo, erosionó su misión y visión como empresa. A la velocidad de su éxito dejaron para mañana lo que podían hacer desde el hoy de aquellos días.

Como suele pesar con quienes están viviendo el triunfo de su estrategia empresarial, la estrategia de blindaje usando la comunicación pasó para otro día y ese día fue la jornada en la que, en los inicios de la Administración López Obrador, fueron mencionados negativamente en una mañanera.

El desafío era gigantesco por la mención, pero épico por la razón. Su *Brand Claim* no solo estaba siendo cuestionado por el presidente en la arena pública, sino que era la oportunidad para que sus voraces competidores desplegaran su propia estrategia de comunicación a fin de posicionarlos como unos viles mentirosos.

Su debut en la #Mañanera fue un lunes, por la tarde de ese día recibimos la primera comunicación. Conscientes de que esto iba a empezar a suceder con diferentes empresas, en 27 Pivot, junto con Simo Consulting, habíamos desarrollado un análisis basado en entrevistas a directivos del área de Comunicación, Asuntos Públicos y Corporativos de importantes empresas globales, así como nacionales. Esto nos permitió contrastar lo que percibía y opinaba el poder económico y contrastarlo con el político para tener una opinión, cuando menos, equilibrada con respecto a lo que se estaba manejando como información en el mercado.

Con estos antecedentes, de inmediato construimos una estrategia que reconstruía los mensajes clave adaptándolos al idioma Cuarta Transformación. En todos los casos, lo hacía demostrando a la autoridad gubernamental que nuestro cliente, lejos de ser el demonio de mil cabezas que estaban presentando; era el ejemplo perfecto de lo que buscaban comunicar en positivo: acabar con los abusos al consumidor y la corrupción.

En una semana, el aludido e injuriado pasó de ser el malo de la película a un ejemplo nacional de buena gestión y consideración nacional.

El éxito de la estrategia construida e implementada estuvo en que, a través de la Comunicación, vencimos la inercia de la lucha de fuerzas entre el poder político, económico y del mercado en un sector altamente sensible para el presidente, así como para la arena pública en ese momento.

La fórmula prevalece en el tiempo. La política siempre importa. El éxito estuvo en que, gracias a la confianza del cliente, implementamos una estrategia que no siguió la receta, pero sí siguió los principios de la fórmula.

Bailamos a un ritmo que hizo sentido a las partes involucradas, a la autoridad, respetó a todos y logró los objetivos de negocio planteados.

En el tiempo en el que, junto con el equipo de 27 Pivot, construimos y ejecutamos esta efectiva estrategia, yo tenía en mi escritorio un tríptico con la siguiente frase:

I CAN EXPLAIN IT TO YOU, BUT I CAN'T UNDERSTAND IT FOR YOU

"Puedo explicártelo, pero no lo puedo entender por ti".

Precisamente, esto me recordaba que, como estratega de Comunicación y Asuntos Públicos, mis colegas y yo teníamos el enorme reto de explicar, pero que iba a ser muy complejo entender los nuevos mares de la política que navegamos. Por esto era vital que nos diésemos a entender de la mejor forma posible y utilizáramos muy bien nuestras cartas al comenzar a estrategizar las nuevas formas de comunicar.

Tras este primer éxito navegando los mares de la Cuarta Transformación, en mi mente, esta frase cambió. Ahora pensaba: «Puedo explicártelo y tengo la responsabilidad de que lo entiendas».

Bajo esta premisa se escucha la canción más allá de las palabras y, considerando este como factor toral en una estrategia de Comunicación, se crece contracorriente en la Era de la Incertidumbre.

> *"Puedo explicártelo y tengo la responsabilidad de que lo entiendas".*

CAPÍTULO 5

EL CONSUMO: ¿EL NUEVO ACTO DE VOTAR?

Solemos asumir que la política es la antítesis del mercado y, por tanto, que el comportamiento del votante a la hora de consumir política y ejercer su derecho al voto son distintos del consumidor al elegir cuáles productos o servicios adquirir.

No lo son, pero aún más importante, están más interrelacionados que lo que nos gusta aceptar, porque hacerlo significa que un poder necesariamente claudica frente al otro.

La explicación a este fenómeno es multifactorial, sin embargo, hay una que es particularmente útil para analizar los temas que abordamos en este libro: la política a través de las leyes y los impuestos, limitan las libertades, y mientras más libre sea el mercado, se considera más exitoso.

Lo interesante es que el mayor éxito lo han alcanzado quienes han logrado construir poder político o, al menos público, y poder económico.

> "La política a través de las leyes y los impuestos, limitan las libertades, y mientras más libre sea el mercado, se considera más exitoso".

En esto, normalmente son los empresarios quienes están cuando empieza el sexenio del candidato más popular y casi siempre están para recibir al que venga en su lugar.

Las buenas noticias son que la Comunicación Estratégica es un gran aliado para lograr esto último porque nuestro trabajo es, justamente, entretejer los dos mundos a partir de la administración y construcción positiva de la reputación.

Es políticamente incorrecto decirlo, pero los estrategas de Comunicación y Asuntos públicos somos, en más ocasiones de las que le gusta asumir al C-Suite, quienes fungen como intérpretes entre ambos mundos y quienes, a partir de esa interpretación, sugerimos a los Tomadores de Decisiones, los puentes que los unen con lo público y con la política.

De hecho, en el caso de México y la Administración presidencial 2018 - 2024, esto se evidencia en la *foto del poder*. Es decir, aquella que se tomaba el presidente con los empresarios que lo visitaron en Palacio Nacional para tratar de manejar la incertidumbre que sus discursos y acciones generaban de manera continua.

En ese sexenio sucedieron pocas reuniones públicas en las que el CEO de cualquier empresa que haya tenido el honor de acudir a Palacio Nacional, lo haya hecho sin la presencia de su directivo de Asuntos Corporativos o Públicos. En esto, en pocas o nulas ocasiones se sumó a la visita el encargado de liderar el área de Marketing.

Hagamos una breve pausa para recordar que la política se encarga de atizar el fuego de la incertidumbre porque es su forma de ejercer y demostrar el poder, mientras el sector empresarial debe impulsar la disrupción, porque es su manera de recordarle a la política que el consumidor es el que manda.

De esta forma y, en términos prácticos, esto se resume en que el contexto, es decir, la ejecución en escena de construir escenarios de incertidumbre e impulsar la disrupción, es imprescindible en toda estrategia de Comunicación.

¿Suficiente? No, a ello hay que sumar escenarios de prospectiva porque esa es la forma de conjugar los objetivos de la empresa o del negocio con el entorno y, con ello, limitamos el error.

La experiencia nos dice que, entre más precisos seamos en el contexto y la prospectiva, más eficientes y exitosos seremos. No te olvides de que el éxito no está necesariamente el ser el mejor, sino de rodearte de los mejores.

> *"Entre más precisos seamos en el contexto y la prospectiva, más eficientes y exitosos seremos".*

Por ello, en 27 Pivot siempre recomendamos a nuestros clientes potenciales o actuales que, cuando elijan a su agencia de Comunicación, incluyan en su valoración los KPIs y, en específico, el número de notas alcanzables, así como en qué Tiers serán publicados. Pero también que tengan la capacidad de analizar el contexto y ser precisos en ello.

De esta forma, durante la discusión de una de las reformas constitucionales propuestas por el presidente López Obrador con mayor impacto en todas las industrias y sectores, así como en la confianza de mediano y largo plazo en las inversiones en México, fue clave que, desde 27 Pivot, pudiésemos contribuir a la toma de decisiones de nuestro cliente de forma oportuna y precisa con respecto a qué si podía ser modificado en la ley en realidad y más allá del discurso.

Como resultado, se contribuyó a precisar la comunicación y, con ello, se preservó el ambiente de diálogo, permitiendo a los participantes del sector generar resultados a pesar de la adversidad.

¿El consumo es el nuevo acto de votar?

No, pero si es una forma de limitar el poder político y los deseos, tanto de concentrar el poder en una sola persona, como de ejercer la jefatura de Estado con estilo autoritario.

¿Por qué? Sencillo, solo los gobernantes que tienen garantizados los ingresos a las arcas del Estado a través de fuentes distintas a las de los impuestos tienen desdén frente al mercado.

El ejemplo común es Venezuela, como un país al que le es indiferente construir una red empresarial y ciudadana que tribute y que por tanto financie las ocurrencias populistas. Tienen petróleo para hacerlo. Esto se debe a sus reservas probadas de petróleo.

También las economías avanzadas tienen comportamientos similares, de ahí podemos obtener que propuestas radicales como la de Donald Trump encuentren el equilibrio del autoritarismo en propuestas fiscales. O que el mismo Biden haya retomado como eje de su Administración una de las consignas de Trump.

De esta forma, lo que Donald llamaba *Make America Great Again,* Joe lo llamo *Investing in America.* Solo que ambas siguen el mismo eje: volver a invertir en su país ante el desgaste de su infraestructura y la necesidad de impulsar el crecimiento económico global desde su propia economía y no como había sucedido desde la Segunda Guerra Mundial, en otros países con efecto reflejo y muy redituable a partir de los consumos gringos hacia Estados Unidos.

Con esto puede disipar de inmediato todos los miedos que pueda anidar de que México se convierta en Venezuela. Tenga otros y a lo mejor más graves. Por ejemplo que, ante la claudicación continua de la clase empresarial frente el poder transformador, se exprima cada vez más a la mayoría de las empresas en México.

Debo hacer énfasis en que lo anterior solo es un problema para el 94% de las corporaciones en México, es decir, las pequeñas y medianas empresas. Las grandes tienen suficiente margen de maniobra financiera u operativa para administrar cambios legales que impacten en su operación, pero sobre todo en sus finanzas.

Votar con la billetera

En todos los casos, el concepto de *votar con tu billetera* no es nuevo, pero su relevancia ha crecido en un mundo interconectado en el que la información se crea y se transforma al ritmo de las redes sociales. Asimismo, los consumidores tienen mayor acceso a información, ya sea verdadera o falsa; que genera en ellos la sensación de que están tomando la mejor decisión posible.

Esto significa que las determinaciones de compra pueden ser actos público-políticos tanto como económicos.

Los consumidores cada día más eligen productos no solo por su calidad o precio, sino también por los valores que las marcas representan, desde prácticas laborales justas hasta la sostenibilidad ambiental. Pero también aquellos que no limiten sus libertades.

> "Los consumidores cada día más eligen productos no solo por su calidad o precio, sino también por los valores que las marcas representan".

En este rango, los productos de tabaco son un ejemplo de que los consumidores no están dispuestos a que se limiten sus libertades a partir de la ley o tributación. Basta observar que ni siquiera las imágenes más violentas de pulmones carcomidos o ratas muertas por el tabaco, ni los impuestos más altos, han disminuido de forma sustancial o cuantificable su consumo.

Lo que si ha cambiado es que los consumidores están tomando productos alternativos que no necesariamente son mejores para su salud o el sistema de salud público, mientras que aquellos que son una alternativa al cigarro, que representan beneficios tributarios y de salud pública, son menospreciados por la autoridad.

La pregunta aquí es, ¿van a castigar con su voto al partido, gobernante y legisladores que están limitando su derecho a elegir fumar o no? Difícilmente aún, pero es parte del proceso de construcción y fortalecimiento de la democracia y su relación con lo público y el consumo.

La era digital, en conjunción con la Era de la Incertidumbre, está transformando la manera en que los consumidores interactuamos con las marcas, permitiéndonos expresar nuestro apoyo o descontento instantáneamente a través de las redes sociales.

Este proceso es como la marea del mar, sube y baja, pero siempre está presente. Si nos situamos en 2008, la realidad es muy diferente, un comentario negativo en redes sociales no enciende las alarmas de reputación corporativa, pero sí es un pulso que le indica a las empresas dónde está parada frente al consumidor en la arena pública.

En México todavía estamos en una etapa prematura en cuanto a que la decisión de compra no está en función de una mala decisión de los dueños de la marca, pero si está influida por factores como "maquila justa". De ahí la trascendencia, de estar atentos del Business to Person (B2P) que analizaremos mejor en un capítulo que hemos destinado para ello.

En todos los casos, en la Era de la Incertidumbre es fundamental que la matriz de riesgos reputaciones y de comunicación incluyan un nuevo tipo de activismo de consumo en el que las campañas en línea pueden movilizar rápidamente a las masas para boicotear o apoyar a empresas basadas en sus políticas o acciones.

Esta dinámica en ciernes, refuerza la idea de que el consumo es una forma de participación política, ampliando el espectro de la acción ciudadana más allá del voto tradicional.

En la Era de la Incertidumbre, teniendo como objetivo cumplir los objetivos de negocio y, por tanto, crecer, aún contracorriente, es esencial reconocer el papel de la educación y la conciencia a fin de poder configurar correctamente este nuevo paradigma.

Los términos y definiciones de educación y conciencia han rebasado la frontera de la educación escolar y dentro de casa, para convertirse en una enseñanza en la que la interacción diaria con el entorno público-político va esculpiendo nuestra decisión poder de compra tanto como fue importante para nosotros ir a la escuela.

Entonces puedo concluirlo con firmeza. Hoy en día, el consumo no es el nuevo acto de votar, pero cada día se parecen más.

CAPÍTULO 6

¿QUÉ ESTÁN COMUNICANDO LAS EMPRESAS MÁS GRANDES DEL MUNDO?

Dime qué comunicas y te diré quién eres. Así de simple, así de trascendente y, también, un hecho que así de fácil puede ser relegado.

Entre los retos que enfrentamos los profesionales de la comunicación quiero destacar dos: Primero, que existe una línea o frontera delgada, casi transparente, entre ser una persona informada, observadora del entorno y con tema de conversación, con saber comunicar.

Segundo, que una característica ineludible del liderazgo es la comunicación. Por supuesto, cuando hablamos de comunicar, no nos referimos en específico a ser un extraordinario orador, podemos no serlo y aun así

> "Todo, y no solo el discurso, comunica".

ser buenos comunicadores. La razón es simple: Todo, y no solo el discurso, comunica.

Por ejemplo, tal vez no tengamos el mejor tono de voz, pero si una presencia que atrae las miradas de nuestra audiencia. El reto siempre es potenciar lo positivo para que lo negativo se neutralice.

En 27 Pivot hacemos diversos análisis de manera constante con respecto a la estrecha vinculación entre ser un líder con comunicar o transmitir de manera efectiva y acertada. Basándonos en estos análisis, realizamos dos cosas que ayudan a comunicar y que tomemos nuestra posición de liderazgo.

Por un lado, el entrenamiento de medios 27 Pivot es sobre *Liderazgo y Comunicación* basados en la premisa de los renombrados expertos en liderazgo Ronald Heifetz y Marty Linsky: *"El liderazgo reside en la capacidad para comunicar información compleja, es decir, que cuestiona; y la capacidad de hacerlo de tal forma que la gente pueda procesarlo".*

Por otro, de manera periódica, analizamos la forma y lo que están comunicando las empresas líderes a nivel global y nacional, porque nos ayuda a identificar tendencias en el terreno de la Comunicación, entender cómo construyen esa posición de liderazgo en acción, las estrategias y palabras claves para blindar sus riesgos.

De esta forma, tomando como referencia *Fortune 500*[10] y en específico el *Top 5* de la categoría del análisis de Reputación Corporativa conocido como las *Empresas Más Admiradas del Mundo 2024*[11], realicé el siguiente análisis que nos ayudará a responder la pregunta de oro.

¿Qué están comunicando las empresas más grandes del mundo?

Para comprender mejor este análisis es importante hacer dos precisiones: La primera es que estamos analizando la Comunicación Corporativa, no las estrategias de Marketing. Esto es relevante porque, con algunas marcas, como es el caso de Apple, es fácil confundir el *amor a la marca* con la reputación. Y la segunda es que, para hacerlo, nos basamos en la información que publican en su página Web y que, en muchos casos, las empresas las utilizan como canal de venta, dejando en un menor espacio y más escondidos los lugares en los que hablan de la información corporativa.

1. Apple (Rank 8 Global 500)

> *"Creemos que, en su mejor versión, el negocio sirve al bien público, empodera a las personas alrededor del mundo y nos une como nunca antes."* -Tim Cook, CEO de Apple[12]

Para analizar a esta empresa tomamos como referencia su reporte ESG 2022 (Environmental Social Governance Report)[13]. Estos son los indicadores que posicionan la marca en un alto estándar en términos de comunicación de parte de las empresas más grandes del mundo.

Tendencias. En términos de diseño llama poderosamente la atención que utilizan un elemento vintage de uno de sus logos originarios al utilizar el arcoíris de colores. Vamos a observarlo de forma gráfica y tratemos de identificar estas tendencias.

Fuente: Apple

Esto nos da, entre otras cosas, una sensación de conjunción entre pasado y futuro. Muestra como valor el hecho de reconocer su orígenes y ser una empresa de tecnología, sin miedo a proyectar lo que viene para la compañía.

Construcción de liderazgo: logran colocar en un mensaje clave poderoso tres conceptos fundamentales para su crecimiento como empresa y por tanto sus resultados financieros positivos: innovación, impacto positivo y personas.

"En Apple, creemos que la medida de cualquier gran **innovación** es el **impacto positivo** que tiene en la vida de las **personas**".

Blindar riesgos. Humanizan la tecnología, utilizando un *wording* o lenguaje corporativo que hace referencia al cuerpo humano: "El corazón de lo que somos", "En el corazón de nuestros esfuerzos"; con un ángulo de súper héroes: "Trabajamos todos los días para hacer de nuestra tecnología una fuerza aún más poderosa para el bien."

"El contenido editorial es el comandante supremo de las fuerzas de consumo porque los medios son un negocio".

2. Microsoft (Rank 30 Global 500)

En este caso la referencia es su página web[14].

Tendencias. Usan enunciados particularmente cortos y poderosos. Cada palabra tiene una razón estratégica para estar ahí, pero también motivos tácticos. Además, la conjugación de los verbos genera la percepción de acción continúa e inclusión.

"En Microsoft estamos dedicados a avanzar en el logro humano y organizacional."

"Nuestra gente y sus historias son lo que nos hace una de las compañías más dinámicas del mundo."

Construcción de Liderazgo. Hacen una apuesta de valor importante porque su comunicación lanza un mensaje en el que hacen equipo con sus clientes.

> *"Empoderar a cada persona y cada organización en el planeta para lograr más."*

> *"Nuestros valores se alinean con nuestra misión, respaldan nuestra cultura y sirven como una declaración de cómo tratamos entre nosotros, a nuestros clientes y a nuestros socios."*

Blindar riesgos. La Inteligencia Artificial (IA) es sin duda un riesgo abierto y constante para la compañía, al menos hasta que nos acostumbremos a ella y, con ello, le dejemos de tener miedo.

Por las diferentes aristas que aborda, su estrategia de blindaje merece un análisis más exhaustivo. Sin embargo el siguiente mensaje clave dice mucho:

> "Los avances de Microsoft en IA se basan en la misión de nuestra compañía de ayudar a cada persona y organización en el planeta a lograr más — desde ayudar a las personas a ser más productivas hasta ayudar a resolver los problemas más apremiantes de la sociedad."

En este punto se destaca que, al poner a la persona y a la humanidad en el centro de sus acciones, así como vincular el futuro a lo que han hecho en el pasado y cómo nos han ayudado a avanzar para tener una mejor vida. En todo esto, logran acotar riesgos y miedos, mientras proyectan seguridad al sugerir que tendrán bajo control a la IA.

3. Amazon (Rank 4 Global 500)

En la Era de la Incertidumbre, el eje es la Clase Consumidora y el consumo. Esta empresa lo tiene claro:

> *"Amazon se guía por cuatro principios:* **obsesión por el cliente en lugar de enfocarse en la competencia,** *pasión*

por la invención, compromiso con la excelencia operativa y pensamiento a largo plazo".

Tendencias. Dedican una dirección web específica para hablar de la empresa: *aboutamazon.com.* Esto les permite dar su espacio y lugar al *marketplace*, pero también a información corporativa de la cuarta empresa global por tamaño.

Construcción de Liderazgo. Posicionan a las personas y su conexión global, de la mano de la colaboración, como el centro y eje de su liderazgo.

> "Nuestra red de oficinas conecta a innovadores apasionados en ciudades a través de la nación y el mundo, trabajando juntos para crear lo siguiente mejor para nuestros clientes. Diseñados para inspirar y fomentar la colaboración, los lugares de trabajo de Amazon facilitan la invención."

Blindar riesgos. Una de las mejores estrategias para blindar riesgos es dar un paso más allá de la comunicación y tener siempre clara una estrategia de Asuntos Públicos tengamos o no un tópico en el que debamos generar influencia en el corto plazo. Sin miedo al éxito, Amazon lleva esta postura a la acción.

> *"Nos relacionamos con los responsables de políticas públicas en una amplia gama de temas que son importantes para nuestros clientes y empleados."*

4. Berkshire Hathaway (Rank 14 Global 500)

Al inicio de este capítulo decíamos que el hecho de no ser bueno para hablar en público no resultaba una limitación para dejar de potenciar nuestra comunicación y, con ello, fortalecer nuestro liderazgo. Berkshire Hathaway es el ejemplo perfecto.

Esta empresa y su líder, Warren E. Buffet se concentran hacer en lo que saben hacer: inversiones. Con esto en mente, dejan que sus resultados y solo eso construyan su reputación.

Tendencias. Al navegar por su página de internet podría dar la sensación de que está inacabada o caída. La única imagen es el logo de Geico. El resto es texto e hipervínculos.

Aunque lo fácil es decir que no tiene diseño, lo trascendente es que justo eso es el diseño estratégico. Es la mejor forma de ver que en algunos casos menos es más.

Construcción de Liderazgo. A través de la publicación únicamente información relevante para sus inversionistas: reportes, hipervínculos a la página del Security and Exchange Comission de Estados Unidos a través de lo cual jean claro que está todo en orden.

Blindar riesgos. En un párrafo, Warren E. Buffet no solo demuestra por qué es quién es y su liderazgo, también blinda a su compañía al transparentar el origen y destino de su fortuna. Y, dicho sea de paso, nos da una lección de vida.

> "A lo largo de muchas décadas he acumulado una suma casi incomprensible simplemente haciendo lo que amo hacer. No he hecho ningún sacrificio, ni mi familia. El interés compuesto, un largo camino por delante, maravillosos asociados y nuestro increíble país simplemente han obrado su magia. La sociedad tiene un uso para mi dinero; yo no.[15]"

5. JP Morgan Chase (Rank 53 Global 500)

La comunicación de este gigante de las finanzas hace un honor a la cultura norteamericana tradicional. Por ejemplo, dedica un espacio importante a los veteranos que son un valor cultural muy importante para ese país. También comunican que contribuyeron en el financiamiento de uno de los íconos de Estados Unidos y en particular Nueva York: "ayudamos a financiar la construcción del puente de Brooklyn".

Tendencias. La comunicación de su CEO se concentra mayoritariamente en sus clientes y accionistas, con lo que evita dispersión, focalizando en lo que les interesa como empresa.

Construcción de Liderazgo. Saben que todo cliente del sector financiero tiene cierta aversión al riesgo, por ello, fortalecen su posición frente al cliente con mensajes clave como: "Somos campeones del papel esencial de la banca en una comunidad (...) y por ser una fuente de fortaleza en tiempos difíciles."

Blindar riesgos. JP Morgan sabe comunica en la Era de la Incertidumbre y por eso construye Crecimiento Contracorriente.

De esta forma, blindan todas sus acciones desde la primera frase que responde a la pregunta de *quiénes somos*:

> "**En una economía global rápida y cada vez más compleja,** nuestro éxito depende de cuán fielmente nos adherimos a nuestros principios fundamentales: ofrecer un servicio excepcional al cliente; actuar con integridad y responsabilidad; y apoyar el crecimiento de nuestros empleados.[16]"

CAPÍTULO 7

EL CONTENIDO EDITORIAL, COMANDANTE SUPREMO DE LAS FUERZAS DEL CONSUMO

Los medios de comunicación viven constantemente amenazados por el poder político y, en más ocasiones de las deseables o aceptables, por el poder económico. Tal parece que está en la naturaleza de todos.

Lo grave, lo más preocupante es cuando se atenta directa o indirectamente contra los periodistas, el contenido y la línea editorial, es decir, contra la libertad de expresión. O cuando son los directivos y periodistas quienes van contra la línea editorial de su medio o el gremio en su afán de congraciarse con uno u otro poder.

Tengo alrededor de diez años trabajando para medios de comunicación. Con frecuencia me preguntan que si "me dan línea". Mi respuesta contundente es que nunca ningún directivo de ningún medio para los que he colaborado me ha insinuado o dicho de manera directa o indirecta que hable o escriba sobre algún tema o desde algún ángulo en específico.

Puede haber miles de razones para esto, pero la más importante para mí es que parte importante de mi trabajo con ellos es entender su línea y tipo de contenido editorial. Aplica para mi trabajo como conductor y como analista público-político, pero también para el de agencia de comunicación.

La razón es simple, el contenido editorial es el comandante supremo de las fuerzas de consumo porque los medios, además de cumplir una función social, son un negocio.

De esta forma, si lo que publican o transmiten no le interesa a su audiencia, sus contenidos dejarán de ser consumidos y, por tanto, dejan de ser negocio. Pero al mismo tiempo, no cumplen con su función social de informar.

El reinado de la Clase Consumidora del que hablamos en un capítulo anterior también se hace valer en este terreno.

¿Cómo contribuir a nutrir el Contenido Editorial como profesionales de la Comunicación?

Con dos acciones puntuales: compartiendo información que haga sentido con la línea editorial y el interés del periodista y del medio. Y, no confundiendo línea editorial con censura.

La primera requiere que tengamos muy en claro que estamos construyendo un círculo virtuoso y que, si un consultor de comunicación envía a un medio de comunicación cierta información que no es de interés mediático, o no fue capaz de entender el ángulo que podría ser de interés para el medio al que lo envía, tanto su cliente como él están totalmente perdidos.

En este sentido, hay cinco reglas que debemos de seguir para conformar y ejecutar estrategias de comunicación efectivas que nutran el contenido editorial y, a su vez, sean congruentes con el reinado del consumo. Parecen obvias, pero no lo son:

1. Cuestiónate cuál es el encabezado que quisieras leer si la información que estás compartiendo fuera publicada.

2. Recuerda siempre, el hecho de que cierta información sea de interés para ti, tu empresa o tu cliente, no quiere decir que lo sea para los demás.

3. Si estás seguro de que la información es interesante para los demás y, en especial, para un medio, piensa cómo tu información puede ser de relevante para más de una fuente. Por ejemplo, Nacional, Negocios, Tecnología, etcétera. Si lo es, entonces busca los ángulos bajo los que puedes construir contenido editorial para cada una de ellas.

4. Aquí viene la prueba de fuego. Una vez que tengas el encabezado ideal, pregúntate si al día siguiente, en las prisas de la mañana, mientras te preparas un café y lees el periódico, te detendrías a leer esa nota.

Este último es un ejercicio que practico constantemente con mi columna #Blindspot. En la mañana de la publicación la leo sin pensar que fui yo quien la escribió. Esto me ayuda a entender qué temas o ángulos son o no de interés para la audiencia, de manera que puedo ajustar el contenido las próximas veces.

Confieso que en más de una ocasión he pasado un muy mal momento al darme cuenta que no logré mi objetivo de comunicar. También me ha pasado que, lo que creí que era una idea o análisis que podía de ser de interés para el lector, en realidad no lo era.

5. Si no tienes nada que decir, no lo digas y espera a un mejor momento. Nada es peor que ser archivado en el olvido de los muchos comunicados que reciben los medios y los periodistas cada día. Peor aún, que el periodista vea tu nombre y deje de leer tus comunicaciones porque se han vuelto irrelevantes.

Un consejo adicional es que quienes nos dedicamos a los medios de comunicación somos curiosos por naturaleza, pero no todos los temas despiertan nuestra curiosidad. Así que sé cuidadoso de qué información compartes y con quién lo haces.

¿Cómo evitar confundir línea editorial con censura e incluso con desinterés del medio?

Este tema es lo que llamo la enfermedad silenciosa de la relación de los medios de comunicación con el poder político y económico. Esto porque cuando te publican y lo hacen como esperabas, entonces los editores son lo máximo. Pero cuando no te publican, ¡es censura o son usureros! Porque seguramente quieren que les pagues por la publicación. Igualmente, cuando lo hacen bajo un ángulo que a ti no te conviene, entonces son unos vendidos.

Vaya difícil la tarea que puede ser la de darles gusto a todos. Pero esto se resuelve con estrategias bien construidas y materiales de comunicación con sólido contenido editorial.

Esto pasa más comúnmente con los medios de comunicación, pero empieza a pasar cada vez más con las redes sociales. A los usuarios y creadores de contenido les tengo dos noticias: primero, con su proceso natural de maduración, las redes sociales dejaron el espacio para publicar a gusto y libertad lo que le plazca al usuario. Esas redes también son empresas y como ciudadanos corporativos tiene derechos y obligaciones. Y, segundo, confundir reglas de convivencia con censura es antidemocrático.

El que no enseña no vende, o más puntualmente, el que no informa con un contenido editorial acorde a su línea y su audiencia, no vende. Así de claro.

CAPÍTULO 8

INFLUENCIA Y PODER: LÍDERES DE OPINIÓN VS INFLUENCIADORES

En uno de los momentos más álgidos de la campaña presidencial del 2018, en una junta de trabajo mientras analizábamos el inminente resultado electoral, una de las personas que más admiro y que mejor conoce la dinámica de los medios de comunicación y la lógica de los líderes de opinión, contundentemente señaló: "si los Líderes de Opinión generaran realmente opinión, Andrés Manuel López Obrador no estaría en la antesala de la Presidencia de la República".

Esta corta pero contundente frase supera por mucho el contexto en el que se dijo porque, por un lado, señala una verdad y por otro, nos invita a una reflexión profunda sobre el papel de los Líderes de Opinión (KOLs) en la construcción de agenda y opinión pública. Así que los KOLs no generan influencia, construyen y ejercen poder.

> "Los KOLs no generan influencia, construyen y ejercen poder".

Lo hacen a partir del análisis y de anticipar lo que va a pasar si se toma una decisión u otra en términos empresariales, de administración pública, regulatorios o de ley.

Pero también lo hacen administrando información confidencial o exclusiva que, al hacerse pública, genera reacciones que influyen en las decisiones.

El camino hacia convertirte en KOL no es fácil. Por un lado, enfrentas un número cada vez más reducido de espacios en los periódicos impresos, lo cual es un elemento todavía imprescindible para formar parte de este exclusivo club.

Por otro, lo que más vende es el chisme político - empresarial o, dicho popularmente, picarle la cresta a un político, líder de organismos, asociaciones de empresarios, o empresarios. Y si la aspiración es ser líder de opinión, seguir este camino de hacer eco de los secretos a voces no construye reputación positiva, aunque si popularidad. Lo sé, es muy irónico, pero también es cierto.

A esto que se suma que quienes ya ostentan el *título nobiliario*, les cuesta trabajo aceptar que hay otros sumando a la construcción de la agenda pública. Y, por su parte, a los que todavía son asiduos lectores de los KOLs les pesa más la costumbre que el amor. Por tanto, les cuesta aceptar que tal vez hay otros con mejores, o al menos diferentes, pero con ideas certeras que merecen la misma atención.

El reto no es solo para los talentos *up and coming*, es también para los KOLs, pues la llegada de los influenciadores elevó el desafío de adaptar sus contenidos a las redes sociales, y pocos, muy pocos, lo han logrado.

Sumar a la extenuante actividad de construir y ejercer poder el hecho de generar influencia, eleva el tamaño del desafío de forma exponencial. Ya no es solo un trabajo de tener información exclusiva o un análisis certero y atractivo, así como comprender la agenda editorial de tu medio, también tienes que responder a las métricas de las redes sociales.

En este punto, veo que es necesario hacer una pausa para precisar la diferencia entre influencia y poder en términos de medios de comunicación y redes sociales.

El Poder es que, a partir de la palabra escrita o la opinión, se puede influir en la decisión de un tomador de decisiones profesional, ya sea autoridad o empresario. Entonces, partir de tu información, observación u opinión se puede generar una oleada de notas informativas en los medios de comunicación.

A la luz de esto, muchas veces, los KOLs fungen como olla de presión para que un tema madure de forma más rápida en la agenda mediática.

La Influencia es que, a partir del contenido que generas, ayudas a convertir un producto o servicio en el objeto del deseo de las masas o audiencias específicas, e influyes en la decisión, o al menos el deseo, de compra de la Clase Consumidora.

Cuando difundes información a través de los KOLs, la información que quieres compartir es el eje. Con los influenciadores tu producto o servicio, es parte de una comedia de situación, no la columna toral.

Entre estas dos clases de comunicadores hay una diferencia que pocas veces es analizada, pero siempre importante. Para tener una audiencia, los influenciadores tienen que crear contenido atractivo de manera constante y, como parte de él, tratar de influir en las decisiones de sus seguidores.

Los KOLs, por su parte, tienen que concentrarse en que lo que dicen y cómo lo dicen llegue hasta los oídos de su audiencia. El medio en el que escriben hace parte del trabajo pues les suma cierto grado de credibilidad y reputación por el hecho de ser publicados.

La audiencia es un tema clave en la diferencia entre KOLs e Influenciadores pues, en los primeros, lo que más importa es quién los leyó y en los segundos cuántos los vieron, escucharon o leyeron.

Hace algunos años, previo al boom de los influenciadores y su búsqueda constante por amplificar su audiencia, impactos y *engagement*; un personaje histórico de la vida pública y política de México me envió su columna de editorial para que le diera mi opinión sobre su texto antes de publicarlo.

Honrado por la solicitud leí y estructuré mis comentarios a fin de que fuesen lo más útiles posibles. Después de escucharme atentamente su respuesta fue: agradezco tus contribuciones, pero no me son útiles porque tú estás pensando en una audiencia que yo no estoy buscando. Mi público objetivo es una sola persona, el presidente de la República y él no sigue la lógica que tú acabas de desarrollar. Tienes razón, pero que la tengas no significa que me ayude a mi objetivo.

A los pocos días escuché una declaración del presidente en turno que hacía una mención velada a la columna y daba una respuesta.

Así se ejerce y se vive el poder de los KOLs y ese es el son del danzón del poder político y económico.

Esta anécdota nos recuerda también que el hecho de tener claridad acerca de tu audiencia es fundamental para definir si tu estrategia necesita un KOL o un influencer; y elegir dentro de la gama existente cuál es mejor para lograr tus objetivos.

En ello, no es casualidad que en México hayamos visto pocos, muy pocos KOLs que conjuguen con éxito ser Líder de Opinión e Influenciador.

Al leerme, seguramente estarás pensando que hay periodistas - columnistas con miles e inclusos millones de seguidores y que eso los cataloga como influenciadores. Pero si nos remontamos a la definición previamente descrita, la realidad es que no. Cuando un KOL tiene muchos seguidores es sinónimo de que tiene más eco, no necesariamente más influencia.

Por ejemplo, Carlos Loret de Mola tiene más de 9.6 millones de seguidores en la plataforma X. De acuerdo con las encuestas presidenciales de finales de febrero de 2024, la diferencia promedio en la intención de voto entre las dos candidatas punteras a esa fecha es de alrededor de 30 puntos porcentuales y la intención de voto por la candidata opositora ronda los 32 puntos.

De acuerdo con las cifras analizadas en un capítulo anterior, en México la lista nominal es de 98 millones 909 mil 770 ciudadanos. Por lo que, redondeando los números, tanto la diferencia entre las punteras y la intención por la candidata Gálvez se situaba en alrededor de 30 millones de votos respectivamente.

Carlos Loret de Mola es un periodista que, a partir de investigación y datos, publica continuamente en contra del presidente López Obrador y Morena.

Haciendo una comparación simple entre el número de seguidores de Loret de Mola y la intención de voto por Xóchitl, Loret de Mola como periodista, ¿vale un tercio de lo que vale una candidata electoral opositora?

> "Generar o nutrir la opinión no es generar influencia".

La respuesta obviamente es no. No solamente porque la comparación no es exacta, sino porque Loret es un Líder de Opinión, no un influenciador.

En resumen, no se trata del número de seguidores que tenga el KOL, sino de la influencia que tengan en la decisión de compra o de voto de su audiencia o consumidor. Generar o nutrir la opinión no es generar influencia.

Ahora bien, en términos de la construcción y ejecución de las estrategias de comunicación, no son mejores unos que los otros. Simple y sencillamente sirven para cosas distintas.

Además, los resultados de la ejecución de la publicación de una columna de opinión de un KOL en contraposición con la difusión de un contenido son totalmente diferentes.

En el fondo y con el objetivo de lograr un crecimiento contracorriente a través de Estrategias de Comunicación en la Era de la Incertidumbre, no se trata de enfrentar KOLs versus influenciadores, sino de tu capacidad para crear la mejor matriz posible para cumplir los objetivos de negocios de tu cliente o empresa para la que trabajas.

CAPÍTULO 9

NAVEGANDO LEGISLACIONES Y OCURRENCIAS: ENTRE REFORMAS Y LA LEY

El poder político sabe con certeza que una de las estrategias más eficientes para imponerse ante el económico es presentar o revivir una iniciativa de ley en el Congreso de la Unión que pretenda modificar el estatus quo a la Iniciativa Privada (IP) o al menos de un sector o industria en particular. El efecto es nuclear, si incluye alguna modificación fiscal o tributaria y alguna prohibición.

A esta estrategia, que ha existido siempre, los mexicanos hemos decidido llamarle incertidumbre, sobre todo durante el cambio de régimen de la Administración 2018 - 2024; aunque en la práctica, más que eso, es herramienta de negociación. Por supuesto que también es una forma de actualizar la ley a nuevas realidades, a promesas de campaña o a un nuevo régimen. Pero ese es un tema para otro libro.

Administrar una empresa es gestionar el caos y presentarlo como eficiencias. También significa vincularse con lo público, porque es en ese espacio en el que se construye reputación, pero también es donde el hecho de ser Clase Consumidora y ciudadano se conjugan. En lenguaje común, es ahí donde está el pan y las utilidades.

> ❝ *Administrar una empresa es gestionar el caos y presentarlo como eficiencias.* ❞

A pesar de la reputación que se ha construido alrededor del cabildeo, una de las mejores herencias que dejó en México la pérdida de la mayoría del partido gobernante en el Congreso de la Unión, y posteriormente la alternancia de partido en la Presidencia de la República, es la profesionalización de la relación con los poderes político mediático. Existía antes, existe hoy y existirá siempre.

Es importante hacer una distinción entre las estrategias y objetivos que persiguen los Asuntos Públicos y el Cabildeo.

El cabildeo es el acto de influir en las decisiones políticas y legislativas, generalmente mediante la persuasión directa de funcionarios gubernamentales o legisladores.

Por su parte, **los asuntos públicos** se refieren a los temas, problemas o cuestiones que conciernen al interés general de la sociedad y que son objeto de debate, discusión y acción por parte de los gobiernos, instituciones públicas, organizaciones no gubernamentales, ciudadanos y otros actores sociales.

En la práctica, estas actividades se entrelazan de manera continua y es difícil definir dónde empieza y termina una o la otra.

En función de mi experiencia profesional, siempre daré prioridad a los Asuntos Públicos sobre el cabildeo porque en el imaginario colectivo de la política, la palabra cabildeo genera rechazo automático o eleva el precio. Y, aún más importante, porque el cabildeo normalmente se trata acerca de un tema en específico y los Asuntos Públicos son una constante.

De esta forma, si una empresa tiene una buena estrategia de Comunicación y Asuntos Públicos, disminuimos el factor sorpresa frente a las ocurrencias o deseos del legislador o el gobernante. Al mismo tiempo, dado que la relación en torno a los temas de interés se ha ido tejiendo a lo largo del tiempo, no habrá sorpresas a la hora de querer influir con argumentos en uno u otro sentido.

De hecho, no hay nada peor para un profesional de la Comunicación y Asuntos Públicos que iniciar una reunión con un potencial cliente en el que la pregunta para abrir la conversación sea: ¿a quién conoces? O incluso, ¿con quién te llevas?

> *"Un buen estratega no basa sus acciones para dar resultados a los clientes en función de sus amistades. Lo hace en función de la ejecución".*

Les tengo noticias, un buen estratega no basa sus acciones para dar resultados a los clientes en función de sus amistades. Lo hace en función de la ejecución.

Y no solo es una frase que suena bonita, o un dicho que usamos para vender, se traduce en hechos tangibles de los que tenemos pruebas. Hace algunos años el equipo de 27 Pivot fue convocado para administrar un tema con los legisladores. Este tenía tres características particulares:

1. **Era un tópico que no era de interés para nadie**, pero que en el momento en el que los legisladores detectaran su importancia y lo que ese tema significaba para un sector particular de la economía, les iba a dar *sed de la buena*, como se dice vulgarmente.

2. **Procesarlo significaba tener que cocinar los resultados a fuego lento, medio y alto**; dependiendo el día y la circunstancia. Es decir, unos días íbamos a necesitar presionar para que saliera rápido y, muy posiblemente, al día siguiente lo íbamos a tener que frenar en seco. Esto genera

grandes sospechas entre los profesionales del *sospechosismo*, con lo que se eleva el riesgo en la ejecución.

3. **Se estaba desplegando una estrategia *unbranded*,** es decir, nadie podía saber quién o quiénes tenían interés en mover la aguja de este tema. Aún mejor, había que jugar con las señales que dábamos y por tanto también las sospechas.

4. **No estábamos cabildeando la aprobación o negativa a una ley o reglamento**, estábamos generando conocimiento que les permitiría a los legisladores tomar la decisión más informada y correcta posible, de acuerdo con su criterio. En ningún momento iba a haber una sugerencia de voto en algún sentido, al menos de nuestra parte. De hecho, lo cumplimos y eso generó también el respeto de los legisladores.

Posterior a la reunión de *pitch* con el cliente, en el equipo de 27 Pivot sabíamos que la contratación se había dado, no por que el cliente tuviese la certeza de que íbamos a lograr los objetivos, sino porque no había ningún otro valiente que se atreviera a intentarlo.

Por nuestra parte, estábamos seguros de que, gracias a que estábamos basando nuestra propuesta en estrategia y no en nuestro nivel de amistad con los legisladores, podíamos e íbamos a tener éxito en ello.

De esta forma, nos dimos a la ardua tarea de construir los argumentos y la ruta de conversaciones informativas para encaminarnos al cumplimiento de los objetivos planteados.

El mundo de los Asuntos Públicos tiene mucha similitud a aquella escena en la que le ibas a pedir permiso a tu papá y él te decía: «pregúntale a tu mamá». Cuando hablabas con tu madre, ella te decía: «que decida tu papá».

Esto significa que, desde un inicio debes tener perfectamente mapeado, no solamente con cuáles legisladores te sentarías a informar y compartir información técnica, sino quién iba a jugar el papel de la mamá y el papa en el enramado de los acuerdos entre todos los legisladores que tenían que ver con la información.

¿Por qué basamos nuestra estrategia en argumentos? Porque era un tema eminentemente técnico y, por tanto, teníamos que ser capaces de explicarle a los legisladores las implicaciones de votar en uno u otro sentido sin sugerir el sentido del voto. Al mismo tiempo, debíamos lograr que ellos fuesen capaces de argumentar y generar la percepción de que tenían absoluta claridad de lo que estaban explicando, aunque la realidad fuera que no entendían nada.

El proceso fue una cadena de satisfacciones, porque en cada reunión observábamos cómo los argumentos acaban con todo, aun con los más radicales en el tema. Estos eran argumentos sustentados sobre una base lógica, que no tenían raíces falaces y que sobrevivían perfectamente al escrutinio convirtiéndose en razones suficientes.

Así que, finalmente superamos el reto, pero aún más importante, esto nos llevó a construir una estrategia de Asuntos Públicos de largo aliento. Con ello, el cliente dejaría atrás la idea de que este tipo de situaciones son momentos de crisis, antes bien son oportunidades para explotar al máximo las comunicaciones estratégicas.

Esta experiencia profesional nos recuerda la importancia de ser capaces de permear la relevancia de invertir de manera continua en estas estrategias dentro de la organización, porque son parte de la operación y no la respuesta a una crisis.

En tiempos de las eficiencias financieras y recortes de presupuestos, esto también tiene impactos económicos, pues es mucho más barato tener una estrategia constante que pagar a una agencia de Comunicación por gestionar una crisis.

Aceptemos la realidad: empresas y corporativos siempre navegaremos entre reformas y la ley. ¿Cómo gestionar este caos y presentarlo como eficiencias? Entendiendo lo siguiente:

1. Somos rehenes del poder político sí y solo si no estamos preparados para cualquier escenario.

2. Ser amigo del legislador o el funcionario público es sólo útil para que te contesten el teléfono más rápido, pero no garantiza que lograrás el objetivo.

3. Los costos de cabildear son más altos que de construir una estrategia de asuntos públicos porque en una incluyes el valor de la agencia o cabildero y sus relaciones en el precio, mientras que en los asuntos públicos la agencia construye la relación para la empresa.

4. La inminencia de actuar ante una crisis es proporcional al daño que una reforma o nueva ley o reglamento generará en el negocio. Nunca puedes dejar que un político huela que tienes urgencia, porque esos escenarios son en los que más disfruta hacer valer su poder.

5. Nunca quieres que te visualicen como una persona poco precavida o que fuiste incapaz de prever algún riesgo dentro de tu organización. Nadie es capaz de verlo o saberlo todo, pero si debes ser capaz de actuar como que lo hiciste y, además, lo tenías cubierto.

6. Seamos honestos, el único interés de la gran mayoría de los políticos por los ciudadanos es cuándo y por qué votan. Por tanto, nunca nos van a creer que nuestro legítimo interés es el consumidor, siempre van a partir de que es la utilidad. En estos terrenos, las estrategias ESG, de sustentabilidad y de buenos ciudadanos corporativos es más anécdota que fondo, pero recuerda que sin anécdota no hay risas ni sonrisas.

Una recomendación final para navegar legislaciones y sus reformas, administrar el caos y generar eficiencias en Asuntos Públicos es: nunca le preguntes a tu consultor a quién puede hacerlo, mejor pregúntale cuál va a ser su estrategia con quienes tengan que navegar y no conozcan o, incluso, sean sus enemigos.

CAPÍTULO 10

DOBLE FILO COMUNICATIVO: CONSTRUIR FAMA O CUMPLIR METAS DE NEGOCIO

"Crea fama y acuéstate a dormir" es una frase que inventó alguien que nunca construyó y ejecutó una estrategia eficiente de Comunicación y Asuntos Públicos. La razón es simple, la fama es algo que se construye de manera constante y eterna. ¿No me crees? Vámonos a los ejemplos.

Basta con observar a un influenciador que, después de no publicar durante varios días, empieza su siguiente publicación pidiendo disculpas por haberse alejado de sus redes. No lo hace por educado, lo hace porque sabe que, en su ausencia, la fama le recordó que es efímera.

> "El influencer es esclavo de sus silencios y cada vez menos amo de sus palabras".

Tenlo claro, el *influencer* es esclavo de sus silencios y cada vez menos amo de sus palabras.

Otro buen ejemplo son Los Beatles, quienes serían solo un recuerdo si su música no se hubiese remasterizado y, aún más importante, si no tuvieran miles de covers interpretados por los artistas más populares de todas las épocas desde su existencia.

Fama y Reputación: ¿Cuál es la diferencia?

La fama se gana haciendo y comunicando a través de los canales populares y responde principalmente al ego personal, profesional y/o corporativo. **La reputación se construye** a partir de una estrategia con objetivos definidos y responde a la necesidad de ganar un lugar en la mente de alguien, así como darle razones para que mantenga a esa persona, marca o empresa, en ese espacio de su mente.

La fama y la reputación no se enfrentan entre sí. De hecho, el hecho de que se lleven bien y se construyan juntos debe ser uno de los objetivos de un buen estratega en comunicación. Recordemos que nuestro trabajo no es hacer a la gente famosa, es construirles una buena reputación.

Hace algunos años fui el responsable de conducir la comunicación estratégica de una importante persona del mundo empresarial. El reto aquí no era colocar la nota, como normalmente lo es en el mundo de las Relaciones Públicas y la Comunicación Estratégica. Esto es porque esa persona, sin importar dijera o hiciera, ya era nota.

Así, mientras que con algunos clientes yo daba la vida para que fuesen portada de revistas, en este caso, los medios daban la vida porque mi recomendación al cliente fuese que aceptara ser la portada en medios de negocios y sociales.

De esta forma, el éxito de mi trabajo no se media en función del nivel de Tier del medio, o el número de notas. Mi trabajo era exitoso en función de que la fama y reputación de esta persona fueran mejores amigos entrañables que funcionaran de la mano día tras día.

El desafío no terminaba ahí, su presencia debía tener un impacto positivo en sus negocios que, como es natural, tenían a sus propios estrategas de comunicación trabajando arduamente.

¿Cuáles fueron nuestros ejes estratégicos?

- **La fama es solo un instrumento** y si está mal afinada, toca mala música.
- **La reputación es más sensible** mientras más famosa o conocida sea la persona o la empresa.
- **El imaginario colectivo relaciona fama con riqueza** y, por tanto, al famoso no se le permite ser pobre ni enfrentar retos profesionales o de negocios.
- **La reputación siempre debe sumar a los objetivos** de **negocios**, sino lo hace, le estamos llamando fama a la reputación.

No obstante, lo más importante es que definimos con claridad los objetivos de administrar su perfil público y fuimos muy específicos con respecto a cuáles temas personales usaríamos como estrategia de posicionamiento.

Los más positivo de los resultados fue que la persona se enfrentó diversas crisis personales y profesionales. El trabajo que habíamos realizado fue la mejor inversión porque las personales no impactaron en el negocio y, las de negocio tuvieron impactos en el corto plazo, pero no afectaron la reputación.

Cambios constantes en la comunicación estratégica

La Comunicación Estratégica sigue reglas eternas, pero retos cambiantes y constantes. La era post Covid-19 puso sobre la mesa uno de los desafíos más icónicos de los últimos tiempos: hacer de ella una herramienta de posicionamiento altamente vinculada con las ventas principalmente en el terreno del Business to

Business (B2B). Este tema es tan relevante que dedicaremos un capítulo específicamente a hablar de esto.

Recordemos que previo a la pandemia, uno de los *disclaimers* o descargos de responsabilidad que tradicionalmente hacía una agencia frente al cliente era que nuestros KPIs no podían estar vinculados a las ventas.

Siguen sin estarlo, pero es una tendencia creciente que nuestras estrategias deben incluir en sus objetivos el hecho de que contribuyamos a las metas esenciales del negocio o, lo que es lo mismo y en términos prácticos, a las ventas y la utilidad.

Además, en la práctica, contrario a lo que sucedía hace algunos años, la respuesta para no hacerlo era la disminución de los presupuestos.

Otro indicador de que esto está cambiando es que muchas empresas, sobre todo del sector tecnología, están re direccionando la comunicación a las áreas de Marketing.

En lo personal considero que esto es un error, porque son dos cosas distintas, usan lenguajes diferentes y responden a necesidades y objetivos variados, aunque ambas contribuyan al negocio de forma similar.

Un ejemplo práctico para explicar esto es que puedes publicar un contenido producido para Instagram en X, pero su desempeño no va ser el correcto y, por tanto, no va a dar los resultados esperados. Esto sucede incluso entre plataformas parecidas, como Instagram y TikTok. Y, si somos suficientemente estrictos, al publicar un *story* como post tampoco se consigue esperado. En resumen, es lo mismo, pero no es igual. Así que no funciona de la misma manera.

Igualmente, hay temas o mensajes de las empresas y corporativos que van en un anuncio publicitarios, otros que van en una nota informativa, una columna de opinión, o en una filtración.

De esta forma, es importante que, al construir una estrategia de posicionamiento, implementemos la matriz de mensajes y comunicación.

Objetivo	Mensaje	¿Venta, posicionamiento o ambas?	¿Contenido Editorial o Mercadológico?	Prensa	Redes sociales
¿Qué queremos lograr al compartilo? ¿Cuál es su relación con los objetivos o metas del negocio?	¿Qué queremos decir?	Es un tema relacionado con ventas o con posicionar un tema. En caso de que sea como posicionamiento, es necesario cuestionarse si el tema es atractivo o necesita una estrategia de soporte adicional.	Esta pregunta es la prueba de fuego porque muchas veces creemos que el tema es posicionamiento, pero el contenido que tenemos para compartir es Mercadológico. El éxito de nuestra estrategia depende en gran medida de responder esto de manera correcta.	¿Prensa pagada? ¿Free press?	No todos los productos y servicios son para todas las redes sociales. Primero debemos responder: ¿Son las redes sociales el canal correcto? En caso afirmativo, ¿cuáles redes sociales?

Además de esta matriz, otro tema que debemos tener siempre presente es que la Comunicación Estratégica da extraordinarios resultados para posicionar tópicos en la agenda, con la finalidad de hacer relevante nuestro servicio o producto en la agenda pública.

Por ejemplo, es posible que nadie sepa la relevancia de un tema ni el interés de la Clase Consumidora sobre él. Pero, si les informa qué cosa, por qué es relevante y después les presentas la solución, puedes obtener excelentes resultados que reditúan en fama, posicionamiento y ventas.

El doble filo de la comunicación nos recuerda que desarrollar e implementar estrategias da generosos resultados. La clave está en hacerlos congruentes entre los objetivos, el mensaje, el medio y los canales que utilicemos.

En la práctica obviamos las preguntas, pero en la realidad, el secreto del éxito está en hacérnoslas una y otra vez.

> *El doble filo de la comunicación nos recuerda que desarrollar e implementar estrategias da generosos resultados.*

CAPÍTULO 11

COMUNICACIÓN B2B: ESTRATEGIAS PARA CUMPLIR OBJETIVOS EMPRESARIALES

Hay historias que comienzan por el final. La que voy a compartir en este capítulo es una de ellas y gira alrededor de dos datos que son resultado de un comparativo entre un semestre y otro del mismo año:

- Un aumento de 2 mil 150 por ciento de menciones en medios Top Tier.
- Un incremento de 115% de publicaciones en medios prioritarios definidos en función de los objetivos de comunicación y de negocio.

Los números son tan increíbles que, si no miras con la lupa en la implementación de la estrategia, son poco creíbles. Vámonos a la historia detrás del mito.

Uno de los retos profesionales más emocionantes que ha enfrentado el equipo de 27 Pivot ha sido el cambio de timón al frente de un área de comunicación. Esto sucedía en una empresa del área de tecnología para la que hemos trabajado durante más de 6 años.

El desafío no era menor por el hecho de que, al momento de la entrega de estafeta, los resultados eran muy positivos y con los números más altos de publicaciones y estándares de la industria.

A esto se sumó que, con la llegada del nuevo liderazgo, cambiaron no solo los objetivos del área, sino de la empresa. Ahora se necesitaba contribuir de manera directa a los objetivos del negocio y más específicamente a las ventas.

El nivel de complejidad aumentaba conforme se sumaban más variables. La necesidad de tener más presencia no correspondía a la velocidad con la que la empresa iba a presentar nuevos productos. En resumen, la información que íbamos a difundir realmente era la misma que el semestre anterior.

¿Cómo aumentar el número de publicaciones en un sector en el que parecía que no había espacio para crecer? La respuesta parece sencilla, pero no lo es: construyendo documentos de comunicación bajo los siguientes criterios:

- Noticioso.
- Atractivos para diferentes fuentes.
- Nutriendo el contenido a partir de las necesidades que las empresas o negocios necesitan satisfacer.
- Construyendo puntos de referencia para los que los tomadores de decisiones de las empresas identifiquen fácilmente como una solución tecnológica o un producto en específico les ayuda a resolver su reto.
- Y, sobre todo, haciendo accesible para todos la información técnica compleja, empezando por los medios.

Al plantearnos estas herramientas, fue inevitable pensar en la siguiente pregunta: ¿Qué hacer para elevar la calidad de la presencia si ya estábamos en los Tiers más altos?

Este es un tema sobre el que hemos debatido mucho en 27 Pivot porque, por un lado, fue consecuencia natural de las acciones que estábamos implementando, es decir, de la estrategia. Por otro, un aumento de 2,150% de presencia en medios Top Tier no es una tarea fácil.

La conclusión a la que hemos llegado tiene tres aristas: La primera es que elevamos el nivel de precisión en la medición de resultados. La segunda es que el resultado nos corroboraba que el contenido sigue siendo el más relevante. Y la tercera es que nuestros contenidos estaban generando mayor interés en los medios.

Para mí, este último punto es la clave del éxito porque lo natural es que los medios dejen pasar cierto tiempo entre una publicación y otra cuando se trata de ciertos temas. En este caso, por la forma de plantearlos, en lugar de espaciar las publicaciones, las acercaban y entremezclaban, haciéndolo parte de su agenda editorial.

> *"La Comunicación Estratégica y Relaciones Públicas desempeñan un papel crucial en el ámbito B2B, contribuyendo a acercar a los negocios entre sí".*

Entonces, seguimos a lo que corresponde. ¿Cómo contribuir a las ventas sin desvirtuar los *Key Performance Indicators* (KPIs) de Comunicación? La respuesta: sumando a la presentación de resultados un control de mando que muestra los resultados cualitativos relacionados con los objetivos de negocio.

Esta estrategia y resultados nos demuestran que la Comunicación Estratégica y Relaciones Públicas desempeñan un papel crucial en el ámbito B2B, contribuyendo a acercar a los negocios entre sí. Con ello hacer logramos hacer exponentes las transacciones comerciales que realizan y contribuimos a los objetivos del negocio.

Esto nos permite afirmar que:
- Una estrategia de Comunicación correctamente planteada e impecablemente ejecutada es un arma eficiente y puntual para los negocios B2B.

- A través del contenido, hicimos visible la necesidad en los clientes potenciales y les ofrecimos la solución a partir de los productos y servicios de nuestro cliente.

- Conjugamos la construcción de fama y reputación. El CEO empezó a ser identificado por potenciales clientes cuando se lo encontraban en lugares públicos como restaurantes. Lo mejor es que, por lo interesante que era el contenido, los clientes se planteaban relacionarse con la marca.

Además, todo esto demuestra que hay actividades innovadoras que contribuyen al Crecimiento Contracorriente y desarrollo de las empresas, así como la economía del país, porque a través de los medios de comunicación, ayudamos a los empresarios a identificar soluciones a necesidades que tal vez no sabían cómo satisfacer.

A partir de la experiencia, hemos identificado cinco elementos claves adicionales de cómo y por qué estamos sumando al negocio efectivamente desde la Comunicación Estratégica.

1. **Individualización y Segmentación:** En B2B, la audiencia clave está compuesta por profesionales y tomadores de decisiones en otras empresas, siendo estos una de las principales audiencias de los medios. De esta forma, una estrategia circular de medios que nos permita estar en los medios de nicho, pero también en los de información general, nos conduce a generar la percepción de especialización, con los primeros, y de memoria con los segundos.

2. **Creación de una Base de Medios Vertical:** Las relaciones públicas B2B se benefician al establecer una base de medios especializada. Esta base incluye medios de comunicación enfocados en negocios, finanzas y la industria específica en la que opera la empresa. A través de esta estrategia se logra posicionar a la empresa como referente en su campo y destacar frente a la competencia.

3. **Contenidos de Valor en diferentes formatos**: es necesario estar en columnas de opinión de los principales KOLs, pero también en notas informativas. Debemos siempre buscar el equilibrio perfecto entre unos y otros.

4. **Casos de Éxito Documentados:** Las relaciones públicas B2B se centran en documentar casos de éxito porque estos tienen un doble efecto en nuestra audiencia. Por un lado, genera el efecto FOMO, o *fear of missing out*, que traducido al español es *miedo a perderse algo*. Esto a partir del hecho de cuestionarse por qué mi competencia está implementando una u otra solución, y yo no. Y por otro, ayudan a que el lector o tomador de decisiones, genere sus propias ideas a partir de nuestro producto, servicio o solución.

5. **Le da un doble papel a la vocería:** Este es el fin obvio, difundir información de manera clara y concreta. Y, finalmente, que el cliente potencial identifique en el vocero su punto de contacto para iniciar una relación de negocios B2B. Tal como sucedió en el Caso de Éxito que presentamos, en el que directivos de otras empresas se acercan a nuestro cliente, sin conocerlo personalmente para explorar oportunidades de negocios, solo a partir de su papel de vocería.

La madre de construir un networking B2B son los eventos, ferias y cualquier espacio en el que se facilite el diálogo en persona o virtual entre los participantes de uno o varios mercados relacionados.

El padre es la comunicación, porque somos nosotros, los estrategas de Comunicación, quienes situamos la información que tu próximo cliente B2B va a leer en su computadora, tablet, periódico, revista o cualquier otro medio disponible.

Sumado a esto, las estrategias de Comunicación son cada día más efectivas para construir relaciones B2B. Además, nos enseñan que la comunicación estratégica en el ámbito B2B no solo se trata de números, sino de adaptarse, innovar y crear valor en un entorno en constante cambio.

CAPÍTULO 12

———

ESTRATEGIAS B2C: COMUNICACIÓN PARA EL CONSUMIDOR

Existe una competencia silenciosa entre Marketing y Comunicación. No se habla mucho de ella porque, si lo hacemos, nos proyectamos como poco profesionales o conocedores de nuestra área. Esto se debe principalmente a que, si eres un experto en cualquiera de esas dos ramas, sabes que no son lo mismo, y que, como puede ser lógico sirven a propósitos u objetivos distintos.

La competencia se eleva cuando la decisión del CEO o liderazgo corporativo define la cabeza de una de las dos áreas dirija ambos esfuerzos.

En mi experiencia, hasta ahora va ganando el jefe de Marketing sobre Comunicación, por una sencilla razón, en tiempos en los que debemos crecer contracorriente, el negocio le da prioridad a quien le ayuda a vender y, por tanto, a alcanzar los objetivos financieros.

Recordemos que el objetivo principal del Marketing es vender, publicitando directamente en los espacios en los que la audiencia y el consumidor objetivo confluyen constantemente.

Por su parte, la Comunicación Estratégica busca posicionar, así como blindar a una empresa frente a riesgos y sus productos entre audiencias de interés o *stakeholders*. Aunque, como veíamos en el capítulo anterior, y con mayor incidencia en el terreno B2B, la Comunicación es cada día más eficiente para contribuir a las ventas a largo plazo. Además, sé que esta tendencia prevalecerá en los próximos tiempos a pesar de la Era de la Incertidumbre.

De esta forma, las definiciones sobre qué corresponde a quién se vuelven aún más confusas con la enorme presencia de las redes sociales en la matriz del Marketing y la Comunicación porque, en este terreno, ambas disciplinas tienen una parte del proceso y si no están coordinadas podrían afectarse entre ellas.

El desafío es que la evolución de las Redes Sociales ha ido generando el efecto de hacer transparente la delgada línea que establecía la frontera entre ellas.

Apple puede anunciar sus Vision Pro en los medios correctos en los que está su consumidor, pero si el producto tiene mala reputación o la empresa enfrentan crisis reputacional, los anuncios publicitarios no serán tan eficientes como se esperaba y el crédito por la inversión en su contratación será menor.

Hasta aquí, pareciera que la línea que marca la frontera entre ambas no es tan transparente como mencionábamos. Pero sí lo es.

En un Capítulo anterior analizamos el papel de los KOLs o Líderes de Opinión versus los Influenciadores. En ellos, la principal característica que tienen en común es que pueden ser disruptivos en todo, menos en poner en riesgo su reputación.

Vámonos a los ejemplos. Cuántas veces no hemos oído un chisme acerca de que un influenciador publica *stories* o posteos usando un teléfono Android y hablando sobre sus maravillas, pero después les toman fotos en las que claramente se evidencia que, en su día a día, son usuarios del teléfono inteligente de Apple, o viceversa.

El riesgo es para el influenciador, pero también para la marca. Lo que parece una buena estrategia de Marketing se convierte en una crisis reputacional y pasa al terreno de la Comunicación Estratégica.

Además, los retos no acaban aquí. Como analizamos al inicio de este libro, los productos de lujo son el ejemplo perfecto de cómo crecer contracorriente en la Era de la Incertidumbre. Pero también lo son para entender la evolución de las estrategias de Marketing y Comunicación.

Es una realidad, el consumo de estos productos seguirá creciendo, porque las nuevas generaciones son y serán grandes consumidores de ellos, pero también porque su reputación es útil para construir la reputación de nuevas marcas y productos que son directamente su competencia.

Tanner Leatherstain: Caso de estudio de un influencer

Tanner Leatherstein[17] es un influencer que ha ganado fama por su conocimiento en la producción de accesorios de piel, principalmente bolsos. Lo increíble de su contenido es que, con herramientas en mano destruye bolsas de Chanel, Louis Vuitton, Gucci y lo más insólito, las prestigiosas Birkin o Kelly de Hérmes. Lo hace para evaluar su calidad y compartir con la audiencia el costo de producción que, como es de esperarse, es infinitamente menor lo que el consumidor paga.

La reacción inmediata del seguidor de redes sociales es asumir que los productos que destroza son falsos. El influencer superó este mito sumando a su relato la experiencia de compra en la tienda y mostrando el ticket de compra.

Posteriormente se enfrentó al cuestionamiento de por qué invertía tal cantidad de dinero en su cuenta de TikTok, pues la monetización no era suficiente para pagar por semejantes productos de lujo.

Tomemos en cuenta que, hasta ahora, es imposible tener éxito en las redes si no estás subiendo contenido de manera constante y, en el caso de este influenciador en particular, eso significan muchas bolsas y miles de dólares.

En el momento oportuno, su estrategia de contenido tuvo que girar a explicar que él tiene su propia marca de bolsos. Tengo la sospecha de que las propias marcas desplegaron una estrategia *unbranded* para obligar al creador de contenido a que transparentara su historia detrás del mito.

Por supuesto, debo destacar que Tanner Leatherstein es en extremo cuidadoso cuando se refiere a hablar del diseño. Es decir, que nunca lo hace, ya que hablar del diseño lo alejaría de los consumidores de las marcas de lujo, debido a que ese es justamente uno de los factores que más pesa en el consumidor al comprar un producto de diseñador.

"No acepto artículos gratuitos ni oportunidades publicitarias. La gente solo confiará en mí si permanezco totalmente independiente." -Tanner Leatherstein[18]

Por supuesto, es un gran logro para la marca de la bolsa que analiza cuando el influenciador señala que la producción y calidad de la piel utilizadas son los esperados o incluso superiores. En contraposición, es una verdadera tragedia cuando no solo te dice que el precio de producción de un producto por el que pagaste miles de dólares apenas llega a los cientos, sino que la piel y producción son de baja calidad.

A nadie, mucho menos a los consumidores de productos de lujo, les gusta que le digan que es un *tonto*, o que hizo una pésima decisión financiera cuando compró un producto de alta gama con baja calidad.

La verdad es que dudo que las marcas hayan visto un impacto en sus ventas por la presencia en las Redes Sociales de este influenciador. De lo que si estoy seguro es que vieron en esto una amenaza a su reputación, pues la comunicación de Leatherstein con sus consumidores estaba teniendo como distorsión la lupa de alguien que demostró su conocimiento y experiencia opinando sobre la calidad de sus productos de lujo.

Las preguntas que una situación así genera en el consumidor son infinitas, porque basta abrir la puerta a la imaginación para que esta vuele a los lugares más insospechados. Y comienzan las dudas: ¿están abusando las marcas de lujo del consumidor?, ¿hacen productos de menor calidad para producir más rápido y para tener un margen de utilidad más alto?, ¿usar una marca de lujo te posiciona entre aquellos que no exigen el valor de un objeto por su dinero?

El colectivo imaginario no tiene límites. Pero, ante ello, ¿qué han hecho las marcas de lujo para contener y contrarrestar esto que es inevitable? Desplegar estrategias de Comunicación con alto contenido *unbranded*. Estas ofrecen una explicación al consumidor que hasta ahora no ha pedido: ¿a dónde se va el diferencial entre el costo de producción y precio pagado en tienda?

Derivado de esto, hemos observado un creciente contenido editorial que habla de que, para sumar la experiencia de compra al producto, las marcas pagan enormes cantidades de dinero por ubicar sus tiendas en las "millas de oro" de las grandes ciudades. También la inversión que representa la publicidad en los medios más prestigiados que les permitan ligar la experiencia de lujo con temas aspiracionales.

Hay más ejemplos de la importancia de la comunicación B2C y porque, contrario a la tendencia, esta no debe ser únicamente responsabilidad de Marketing.

Las redes sociales como tendencia de cambio

Las tendencias en redes sociales son una constante amenaza a las marcas y empresas. Mientras en las aerolíneas el *Business Class* o Clase Ejecutiva se vuelve cada vez más apetecible para los viajeros, también aparecen infinidad *hacks* de viaje para la Clase Turista para, entre otras cosas, tener más comodidad durante el vuelo.

Uno de ellos es que, a la hora de elegir los asientos, normalmente con costo adicional, recomiendan que una pareja de viajeros reserve los asientos extremos en filas de tres, ventanilla y pasillo. Por ejemplo, pues es poco probable que un usuario que viaje solo escoja el asiento de en medio por ser el menos cómodo de todos.

Hasta aquí todo suena bien, pero nadie considera que esto se puede traducir en una amenaza a la reputación de la empresa y la experiencia de viaje porque el viajero "salero" no solo estará atrapado entre dos personas, sino en su conversación. Esto sin duda afectará su experiencia de viaje y, por tanto, su valoración de la aerolínea. Muy pocos viajeros atribuirán esto a una actitud *gandalla* de otros usuarios, sobre todo en culturas como la mexicana, en las que nos enseñan que el cliente siempre tiene la razón.

No pasará mucho tiempo antes de que las aerolíneas exijan que dos pasajeros dentro de una misma reservación elijan asientos contiguos. O, que tengan que incluir en su comunicación algún tipo de mensaje que busque permear los efectos de esta tendencia que nació en redes sociales.

Cómo definir una estrategia de comunicación B2C

Tres cosas deben considerar los tomadores de decisiones de empresas y corporativos al definir su estrategia de Comunicación B2C:

1. **Los estrategas de Marketing piensan diferente que los de Comunicación Estratégica**. De hecho, grandes ideas disruptivas han creado las peores crisis de comunicación. Tenemos que entender que no somos antagónicos, ni estamos compitiendo, sino que trabajamos sobre procesos complementarios.

2. **La Comunicación Estratégica también nos permite identificar y permear los riesgos** antes de que estos se conviertan en una crisis.

3. **El auge de los influenciadores se explica** también en que los consumidores queremos que una persona igual o, al menos con características similares a nosotros, nos hable de los productos y servicios para que no tengamos una mala experiencia. No todo es un anuncio publicitario, ni un artista famoso con una vida de lujos y glamour. Debemos de construir una matriz de comunicación, figuras públicas y vocerías que nos ayuden a lograr nuestros objetivos de negocio.

Romper esa competencia silenciosa entre Marketing y Comunicación es sinónimo de éxito, porque hacerlo nos permite vender, pero también blindar las ventas.

La razón es simple, ambos factores reunidos como un todo están esculpiendo no solo la decisión de compra de los consumidores, también su comportamiento.

En la Era de la Incertidumbre, el Crecimiento Contracorriente también se consigue construyendo eslabones de reputación con los clientes actuales o potenciales.

CAPÍTULO 13

MÁS ALLÁ DEL BENEFICIO: COMUNICACIÓN B2P Y EL IMPACTO SOCIAL

Me gusta creer que el concepto B2P es el futuro de la Comunicación. Aunque acepto que, por más pragmático que parezca o quiera ser, también soy un soñador.

La razón es simple, me da paz el hecho de creer que en cada compra que realizó hay una estrategia de Comunicación o Marketing que se centra en tratarme a mí y a todas las personas como individuos integrales, no solo como consumidores (B2C) o empresas (B2B).

También que, a diferencia de las estrategias basadas en los resultados de sostenibilidad de las empresas, no necesito hacer de la huella de carbono mi razón de ser o el motivo por el que elijo un producto sobre otro. Es decir, es algo muy importante, pero apuesto a que muy pocos, han comprado su producto favorito bajo esa premisa.

Como muestra nos basta observar que, por ejemplo, las aerolíneas ya no ofrecen a los consumidores un coste adicional para contrarrestar los efectos de la huella de carbono de su viaje. Claramente, en una economía de mercado ya no lo ofrecen o no lo hacen con el mismo ímpetu, porque enseñaban lo necesario que era este avance tecnológico, pero no vendían con base en ello. Entonces dejó de ser tendencia.

Esto cobra mayor relevancia en un contexto en el que el debate se centra, por ejemplo, en qué tanto nos va a impactar la Inteligencia Artificial y cuántos trabajos nos va a robar, en lugar de generar ideas de cómo trascender al reto y usarla como una herramienta para continuar con la evolución necesaria.

Desde mi experiencia, el lugar en el que debería de estar el foco y, por tanto, las estrategias empresariales y de Comunicación, está en cómo construimos relaciones más profundas y significativas con los clientes de la mano con el desarrollo tecnológico y las facilidades que nos da la Inteligencia Artificial.

La Humanización de las Relaciones Empresariales es la aspiración discursiva más grande de las empresas. Nadie quiere transmitir el mensaje de que usa a las personas para hacer más dinero. Tampoco de que va a remplazar a los trabajadores por máquinas más temprano que. Y justamente ahí está la oportunidad y el reto.

Como sector tenemos, la responsabilidad de que esta aspiración no solo sea discursiva o que aspire a sumar a la reputación, sino que también sume a los objetivos de negocio.

La oportunidad

Las relaciones empresariales se dan con los clientes o consumidores, con los proveedores, con los empleados, las audiencias de interés y con las comunidades con las que trabajan; pero también con todo lo que sucede en lo individual y lo colectivo de forma personal, familiar o profesional en nuestra vida.

Cuando fundé 27 Pivot en el año 2013 lo hice bajo cuatro premisas:

1. A través de los pilares de la Comunicación Estratégica, las agencias estábamos logrando colocar los mensajes en los medios de Comunicación y los momentos precisos para

el contexto y la agenda editorial, pero no necesariamente con los disparadores emocionales de las audiencias de interés. Esto continúa en la actualidad.

2. El paraguas de Comunicación y los Mensajes Clave que construíamos, comunicaban de manera perfecta lo que el cliente quería posicionar, el medio en el que se iba a publicar, y estaba siendo congruente con los disparadores intelectuales de las personas. No obstante, faltaba algo.

3. La eficiencia en nuestro trabajo como estrategas en Comunicación estaba dando prioridad a las Redes Sociales mientras hacía un lado herramientas como la Investigación en la Opinión Pública Aplicada a la Comunicación, lo que nos permite conocer a profundidad los disparadores emocionales e intelectuales de nuestras audiencias de interés. Por tanto, cuando obviamos el hecho de conocer lo que la gente realmente percibe, el consumidor no tenía la llave para humanizar las relaciones empresariales.

4. Las estrategias de sostenibilidad estaban cumpliendo con los objetivos en el terreno discursivo, pero no necesariamente en el de la vinculación con el consumidor. No todos conectamos con el ahorro o reciclaje de agua, las aulas con computadoras nuevas o la disminución de emisiones de carbono. Si lo hiciéramos, no sería, por ejemplo, un Trend en Redes Sociales el hecho de viajar, sobre todo en avión, y con ello el motor de vida de las personas.

Estas premisas las resumimos en un concepto: Ingeniería en Comunicación, que no es otra cosa que aplicar conocimientos y técnicas científicas para resolver problemas prácticos y crear soluciones en el terreno de la Comunicación, y la construcción de reputación.

De esta forma, identifiqué como un elemento necesario y urgente el hecho de ofrecer al mercado la construcción e implementación de estrategias de comunicación que sumaran a los objetivos de negocio. Asimismo, el hecho de establecer relaciones más profundas y significativas con los clientes, conjugando lo que nuestras audiencias de interés perciben, con lo que los clientes desean y necesitan comunicar.

A esto se sumaban la importancia de aplicar las técnicas de persuasión en nuestra comunicación con el único objetivo de garantizar el cumplimiento del *call to action*, porque lo común es que escuchemos mucho *call* pero veamos muy poco del *action*.

> "El hecho de comprender los disparadores emociónales e intelectuales de las personas permite desarrollar conexiones auténticas".

Sabía que para lograr esto, la oferta de mercado de 27 Pivot no se podía quedar en redactar reportes de sostenibilidad o construir una estrategia de medios y posicionamiento para ello. Más aún, había que ir varios pasos adelante.

Como es natural en toda disrupción del mercado, a unos hizo más sentido que a otros, pero a todos les generó un sentido de confianza en lo que estábamos ofreciendo.

Con el tiempo hemos evolucionado, pero conservado la opción de construir una estrategia bajo el mismo principio, si el cliente así lo requiere y es más útil para sus objetivos.

Diez años después y en un contexto distinto, me permito insistir en lo siguiente: en la Era de la Incertidumbre, el hecho de comprender los disparadores emociónales e intelectuales de las personas permite desarrollar conexiones auténticas y es una forma de crecer contracorriente.

El reto

El Marketing siempre ha sido más hábil para vender cambios en las tendencias que la Comunicación Estratégica y en bautizar sus estrategias con conceptos que se vuelven tendencia.

Mientras nosotros estábamos intentando aplicar la Investigación de la Opinión Pública a la Comunicación, ellos, desde hace muchos años atrás no dan paso sin la Investigación de Mercados.

De esta forma, a esto que ahora nosotros llamamos Humanización de las Relaciones Empresariales, ellos le llaman *Inbound Marketing*. En resumen, es una metodología para adaptarte a las necesidades de tu público objetivo, centrando la comunicación en contenido de valor y generando experiencias para aumentar la interacción.

El terreno común es que ambos se centran en construir relaciones de largo plazo y fidelizar. El Marketing lo hace con los clientes, y la Comunicación Estratégica con las personas.

Si hay algo en lo que debemos prestar atención es que en la personalización y B2P no se habla solamente de la comunicación personalizada, es decir, aquella que usa tu nombre o navegación en internet como punto de partida para ofrecerte un producto o servicio. Va mucho más allá.

En tal sentido, afirmamos que la Humanización de las Relaciones Empresariales construye estrategias a partir de trabajar con las personas, pero también con el impacto social y todas las vinculaciones o al menos las más trascendentes para el objetivo del negocio y de nuestras audiencias de interés. Al llevar a cabo este proceso obtenemos como consecuencia, aunque no como objetivo, la construcción de una reputación sólida con la que las personas se identifican.

> "La Humanización de las Relaciones Empresariales construye estrategias a partir de trabajar con la persona, pero también con el impacto social".

¿Cuál es la diferencia entre hacerlo como objetivo y como consecuencia? Cuando sucede como consecuencia, el cliente ejecuta el *call to action*. Cuando es cumplimiento del objetivo se queda solamente en el *call* o llamado, y por lo general no hay *action*.

De esta forma, uno de los desafíos más latentes es que se ha perdido la frontera entre medición del Impacto Social y medición de la Reputación.

¿A qué nos referimos con Impactos Social? Al grado de incidencia que tiene una acción en el espectro público. El hecho de medirlo implica evidenciar el impacto que tuvimos en la comunidad.

Por su parte, mediar la reputación nos permite observar la forma en la que la que nuestras audiencias objetivo nos perciben y el cambio que generó o no, el impacto social.

Entre más precisos seamos en aplicar estrategias y acciones B2P, más cerca esteremos de que los disparadores emocionales sean también intelectuales y el *call to action*, sea en realidad una acción.

En resumen, la comunicación B2P está un paso adelante de las estrategias de sostenibilidad, porque pone en el centro a la persona y no al consumidor.

Más allá del beneficio como empresa, tenemos que determinar el beneficio que tiene el Ciudadano Corporativo, aquel que encuentra el objetivo en el Impacto Social y la consecuencia en la Reputación.

Entonces uno no es mejor que el otro, es solo ver más allá del beneficio.

CAPÍTULO 14

DISRUPCIÓN EN LA ERA DE LA INCERTIDUMBRE

Confesión del autor: cada palabra de este libro ha sido escrita mientras escuchaba una voz interior que se cuestionaba constantemente si estamos en la Era de la Incertidumbre o en la de la Disrupción.

El tema no es menor, porque Incertidumbre es el Norte y Disrupción es el Sur de la brújula mental que he seguido para escribirlo. Pero también de la forma en la que estamos navegando en el mundo en estos tiempos.

A la Incertidumbre ya le hemos dado su lugar, su tiempo y sus definiciones en páginas anteriores. Es momento de dirigirnos al Sur y hablar de la Disrupción y la trascendencia de esta en la forma en la que estamos diseñando el presente y futuro del mundo, específicamente en la Comunicación.

La razón parece saltar a la vista, se nos ha hecho fácil o atractivo decir que algo es exitoso porque es disruptivo. Pasa en todos los mercados o industrias, aunque en el de la comunicación, normalmente está relacionado con las redes sociales.

El tema es tan relevante que se ha construido la creencia de que, si algo es disruptivo en comunicación, entonces es exitoso.

La realidad es que más que eso, lo que hace es que es darnos permiso para que el ejercicio, mejor conocido como prueba y error, no sea visto como un fracaso, sino como el camino al éxito, que está lleno de baches, altos y bajos, pero que de seguro nos llevará hasta ahí.

Como resultado, el uso inadecuado o *comodino* del término ha generado distorsiones. Para evitarlas, es importante volver a lo básico, a la definición y conocer por qué empezamos a usar el término en primer lugar.

De acuerdo con la Real Academia Española, la definición de disrupción es: rotura o interrupción brusca[19]. La palabra disruptiva es de origen francés "disruptif" y del inglés "disruptive", que tienen que ver con irrumpir, romper, quebrar e incluso interponerse.

Pero vamos más a fondo. La conducta disruptiva es un comportamiento que se caracteriza por ser de mala educación, insolente, falta de cooperación, irrespetuoso, desobediente, agresivo, provocador, impulsivo, entre otros[20].

Tener una conducta disruptiva no hace que un producto de comunicación sea bueno, pero desafortunadamente sí lo puede hacer exitoso y *viral* en las redes sociales.

En el terreno empresarial y tecnológico, este concepto fue popularizado por Clayton Christensen, catedrático de la escuela de negocios de Harvard, refiriéndose a la innovación disruptiva como aquella que genera un cambio drástico y que puede incluso llevar a la desaparición de ciertos productos o servicios en el mercado. Con el tiempo ha demostrado que lo disruptivo no solo desaparece, sino que también hace aparecer productos, servicios y, sobre todo, tendencias.

Cuando hablamos de disrupción en los terrenos de la Comunicación, automáticamente nuestro cerebro se dirige a las Redes Sociales. Esta tendencia no es un error en sí misma, pero si puede ser bastante limitativa.

La disrupción y la Comunicación tienen muchos más puntos de encuentro que la cierta disrupción que causó la llegada de las redes sociales a los medios de comunicación tradicionales, la ampliación de vías de distribución de contenidos, y también de amplificación de la voz de las personas hasta convertir a algunos en influenciadores y, por tanto, su inclusión en las estrategias de Comunicación.

¿Qué une a la comunicación con la disrupción?

Los eslabones que unen a la Comunicación con la disrupción son seis:

1. La Comunicación Estratégica

Desempeña un papel crucial al comunicar los cambios radicales como avances tecnológicos, nuevos modelos de negocio o cambios importantes en las preferencias de la Clase Consumidora; a las audiencias interesadas y de interés.

La razón reside en que no solamente las empresas deben comunicar las disrupciones, también cómo afectará a los clientes, empleados y otros actores clave. Muchas veces esto tiene que basarse en estrategias *unbranded* que cuiden la reputación de la empresa que las impulsa.

Un buen ejemplo de esto es todo lo comunicado alrededor del lanzamiento de la primera edición de los Visión Pro de Apple.

Si analizamos las notas de medios de información y los contenidos de usuarios e influenciadores de redes sociales, de inmediato nos salta a la vista que un número importante de las notas están relacionadas con los retos que tiene este dispositivo. Desde las devoluciones del producto, pasando por reseñas de usuarios y periodistas, podemos notar que los retos comunicacionales son muchos.

Entonces, pudimos observar encabezados de notas como: "Lo que me sorprendió de los Visión Pro de Apple en la demostración en la tienda" que juegan entre la duda y la emoción ante la innovación; hasta los límites entre la tecnología y la realidad: "Se presenta en su boda con las Apple Visión Pro y la reacción de su mujer no tiene precio".

El reto tecnológico es superlativo para Apple, pero también para sus estrategas de Comunicación porque tienen que, cuando menos, traducir los retos tecnológicos y reseñas de producto en un deseo de compra. Con ello, podrán seguir construyendo la reputación del producto, pero también de la empresa.

2. Narrativa de cambio

Cuando un corporativo adopta una innovación disruptiva o es afectado por una, debe crear una narrativa de cambio. Esto implica comunicar por qué el cambio es necesario, cómo se implementará y cuáles serán los beneficios. Pero también, en su caso, frenar o administrar los temores al cambio que surgen en todas las audiencias.

Por ejemplo, detrás de la adopción e integración de la Inteligencia Artificial a nuestra vida hay una narrativa de cambio sucediendo, sutil pero poderosa, que tiene como objetivo que los temores de que al final ella acabe controlando al hombre se disipen.

Analizar las notas que nos arroja Google Noticias cuando buscamos el término "Inteligencia Artificial" nos permite identificar al menos tres pilares de estas narrativa de cambio:

a. **Notas que juegan con la vanidad**. "Dónde viven los hombres más atractivos según la inteligencia artificial".

b. **Información sobre cómo se va a integrando a nuestras actividades del día a día**. "El robot que usa la inteligencia artificial para clasificar y reciclar la basura", "Qué es Sora, cómo funciona, y qué se puede hacer con la inteligencia artificial para generar vídeos".

c. **La Inteligencia Artificial como generadora de crecimiento económico**. "IA: Estrategia Crucial para el Éxito

Empresarial", "Cómo avanza la Inteligencia Artificial en el mercado inmobiliario"

Los tópicos irán cambiando con el tiempo porque las narrativas de cambio son dinámicas, pero será un reto constante mantener al cliente enganchado cuando los cambios son necesarios para la evolución del servicio.

3. Crisis de comunicación

La disrupción es una crisis de comunicación en sí misma. Veíamos el ejemplo de los Visión Pro en el que la clave es abordar la crisis de manera productiva y contundente. Eso implica anticipar, e incluso que sean ellos los generadores de notas positivas, negativas y neutras porque les permite tener más control y anticiparse, tanto a sus competidores, como al duro juicio de los consumidores.

4. Coherencia entre el producto y la comunicación

Debe haber congruencia entre el producto o servicio disruptivo y el resto de la comunicación de la empresa o corporativo.

Algo a lo que hay que estar muy atentos es que, en tiempos en los que la disrupción ocupa un lugar importante de nuestra atención, lo tradicional también puede ser disruptivo.

Un buen ejemplo de esto es la página web y estilo de comunicación de Berkshire Hathaway que pasa de ser tan tradicional y lineal en su diseño, para terminar siendo lo disruptivo en el mercado. Y como este, la alta moda vintage es otro buen ejemplo.

5. Desconfianza

La disrupción viene acompañada de la desconfianza y esta puede generar fama, pero al hacerlo en esos términos, se convierte en el peor enemigo de la reputación.

Muchos conocen hoy el Vision Pro, es decir, ya son famosos, pero mucha de esa fama está anclada a las críticas o áreas de oportunidad del producto. Esto pone en riesgo su viabilidad inmediata como tecnología, pero también la reputación de la empresa que impulsa el cambio tecnológico.

El oleaje proyectado por la comunicación, tanto en redes sociales como en medios tradicionales, destacando que los compradores de Visión Pro los están devolviendo, es un buen ejemplo de esa desconfianza.

De ahí podemos asegurar que, para gestionar la disrupción de manera efectiva, es necesario que haya una táctica comunicacional para cada riesgo y sus diferentes niveles.

6. La comunicación disruptiva

El sexto eslabón entre la Comunicación y la Disrupción como estrategia de negocio es la Comunicación Disruptiva, es decir estrategias atrevidas y audaces para aumentar la visibilidad de un producto o servicio usando nuevas tecnologías, creatividad, emociones y enfoques inusuales para sorprender a los consumidores.

Sus riesgos son altos, porque en el mundo de lo políticamente correcto todo puede ser tomado como ofensa, como le sucedió a la prestigiosa Casa de Alta Costura Balenciaga, quien en noviembre de 2022 "se vio fuertemente golpeada a finales de año por el escándalo desatado por dos inquietantes campañas que mostraban la imagen de niños con objetos con connotaciones sexuales y documentos judiciales relacionados con la pornografía infantil."[21]

Lo que para unos podría ser una obra de arte y expresión de los retos que tenemos como humanidad, para otros fue un duro golpe a su reputación.

El rumor y la sospecha apuntaron a que esa disrupción era justamente la estrategia. Es difícil saberlo o afirmarlo sin haber sido parte del equipo de estrategas. Lo que si podemos señalar de manera contundentemente es que supieron capitalizar el rechazo, generar un ambiente propicio y que fuera vinculado con la experiencia de entrar a una de sus tiendas.

Esto cobra más relevancia en un entorno en el que la experiencia de compra y de uso de un producto es incluso más importante que el producto en sí mismo.

La línea entre la audacia y la insensibilidad es delgada. Las marcas y corporativos deben sopesar cuidadosamente los riesgos y beneficios antes de embarcarse en una campaña disruptiva, sobre todo en aquellos países en los que el consumidor castiga con dejar de comprar.

El equilibrio entre la provocación y la responsabilidad es fundamental para evitar consecuencias negativas. La Comunicación Disruptiva no solo debe buscar llamar la atención momentáneamente, sino de construir una conexión duradera con los consumidores.

La clave radica en comprender de fondo a la audiencia, evaluar los límites y, sobre todo, mantener la autenticidad. De lo contrario no podrán navegar con éxito por las aguas turbulentas de la disrupción y convertirla en un activo estratégico para su negocio.

> *"La disrupción es el alimento que más nutre la incertidumbre".*

Siempre ten presente que la disrupción es el alimento que más nutre la incertidumbre. La disrupción no es para todos, ni adecuada en todo momento, sobre todo en la Era de la Incertidumbre.

La razón es simple, vivimos en tiempos en los que todo cambia de un momento a otro y la velocidad del cambio es inesperada. Es más, acelera cuando tiene que frenar, se ralentiza cuando parecería que debería de ir más rápido, y a veces simplemente se detiene. Entonces, el error y, por tanto, el daño a la reputación se puede dar justo por estos factores extrínsecos, no por un error de cálculo estratégico que tiene que ver con nuestro propio control de la situación.

Tampoco olvides que una estrategia de Marketing o Comunicación disruptiva también alimenta conductas disruptivas y tu objetivo no es construir una base de consumidores insolentes, sino cautivos y leales a tu marca, a tu producto y que se identifican con tus valores como empresa. Que finalmente deben ser buenos valores.

En esta Era, el norte es la Incertidumbre, el Sur la Disrupción, y entre el Este y el Oeste está la lealtad y la reputación. No lo olvides y te encaminarás bien durante la travesía.

CAPÍTULO 15

CRECIMIENTO CONTRACORRIENTE: ¿QUÉ DEBEMOS DE COMUNICAR?

"La crisis está muy dura" es una frase que escuché de manera recurrente durante aquellos primeros años de vida en los que empiezas a entender el valor del trabajo y con ello, el del dinero.

Me llamaba mucho la atención que era el comentario constante y continúo de todos los adultos a mi alrededor, al punto que llegué a creer que no había otra alternativa y que el destino era vivir en crisis.

Pasaron los años, la estructura de la economía global y, en específico la mexicana, me demostró que mi creencia infantil, dejaba de ser una creencia para ser una realidad: ¡Vivíamos en crisis!

Entre la ironía y la realidad de los cambios de administración sexenio tras sexenio, las heridas de la crisis anterior, anticipando la siguiente y una serie de datos económicos que ratificaban que "la crisis estaba muy dura", el presente y el futuro se veía complejo.

La siguiente anécdota que voy a compartir se va a prestar a toda clase de interpretaciones, y ya lo sé de antemano. Así que siéntanse con la libertad de comentar a su gusto e ironizar sobre la misma. El objetivo es que echen a volar su imaginación, porque eso es también comunicar pero, sobre todo, que interioricemos que las experiencias de vida son factores clave para crecer contracorriente, así como saber que las estrategias de Comunicación son fundamentales para que, como personas, profesionales, empresas y país, crezcamos en la Era de la Incertidumbre.

Crecí en una familia en la que la prioridad era formar seres humanos que aprendan de las experiencias y de otras realidades. Ahí es donde mis padres decidieron invertir el fruto de su trabajo y construir la herencia para sus hijos.

Un día, al regresar de un viaje de verano, tras haber vivido las más emocionantes aventuras en Europa, en donde la belleza enmarca extraordinariamente la crisis más espeluznante, al subir al avión de regreso a México agradecí a mis papás la experiencia. Mi madre, conservadora como es y observadora de la realidad de 1995, me dijo: «espero la hayas disfrutado porque las cosas están difíciles y no sé si podamos a volver a hacer un viaje así».

En ese instante me perdí entre el eterno deseo de regresar a la maravillosa Europa, el recordar que "la crisis está muy dura" y lo inevitable: aprender a trabajar, crecer, lograr objetivos personales y profesionales, viajar y vivir, contracorriente.

Once horas de vuelo fueron tiempo suficiente para interiorizar que, más que frente a una realidad económica o de posibilidades, que tal vez existía y yo no quería aceptar, estaba frente a una crisis de Comunicación.

Ahora sé que la intención de mi madre era agregar valor al viaje, tratando de enseñar a su hijo que, más allá del costo económico, esa experiencia representaba también horas de vida y dedicación de mi padre hacia su profesión y trabajo.

No obstante, lo que su mensaje me comunicó era que la experiencia no se iba a repetir. Y yo, como el personaje de este maravilloso *cartoon* de The New Yorker[22], opté por caminar en la ignorancia y afortunadamente muchos más viajes se me han dado en la vida.

Fuente: The New Yorker. New Yorker Cartoons.

Más allá de la anécdota, lo trascendente está en que la crisis evolucionó y se convirtió en la Era de la Incertidumbre. En esto, la forma en que comunicamos no cambia la realidad, pero sí la construye.

Vámonos a otro ejemplo. Hasta hace muy pocos años hablar de experiencias personales y de intimidades era fuertemente juzgado por las audiencias sin importar el contexto en el que se conversara ni la intención tras las revelaciones.

Quiero decir, ¿cómo ibas a aceptar frente a los demás que te masturbabas? Compartir que habías perdido la virginidad con tus íntimos amigos representaba, por lo mínimo, un pacto de vida y una demostración de la amistad. Ni hablar de confesar que, por hacerlo, te había contagiado de una enfermedad venérea.

No obstante, los Millenials y los primeros influenciadores nos demostraron que los tiempos habían cambiado, que había nuevas reglas para comunicar y que la clave está en la honestidad. En resumen, si se trata de crear contendido y ganar fama, ¡hasta los calzones se enseñan!

> *"La forma en que comunicamos no cambia la realidad, pero sí la construye".*

Aquel dicho inocente de la primaria que decía "Ya se supo que traes calzones de la Conasupo" pasó de ser recatado y respetuoso por la intimidad, a un tema de conversación y, por qué no, una forma de aumentar un seguidor o *follower* más que también usó calzones de la Conasupo, o tenía un amigo que lo hizo, o simplemente le pareció muy gracioso que te hubiesen dicho eso en el colegio.

Resulta impensable que, en un pasado no tan lejano, una estrella de la televisión, el cine o la música hablara de los retos que vivió para llegar a ser famoso.

Mucha gente se pregunta por qué tardaron tanto en gestarse movimientos como #MeToo y la respuesta, más allá del proceso personal que cada persona violentada vivió, está en que antes era absolutamente inaceptable hablar de la intimidad.

Hoy, hacerlo no solo es una tendencia y una forma de generar respeto, sino la única forma posible de mantenerte vigente a partir de convertirte en una tendencia.

Como un ejemplo podemos ver las series biográficas de los cantantes mexicanos más renombrados: Luis Miguel, Juan Gabriel, Vicente Fernández, Gloria Trevi, Selena, o los innumerables TikToks en los que

> *"En la Era de la Incertidumbre no hay comunicación posible sin que este esté basada en las más duras experiencias de la realidad de la vida".*

Yuri acepta "haber sido la otra", pero también el documental sobre J.Lo y Shakira en el que relatan el camino al Show de Medio Tiempo del Super Bowl. En ese documental, ambas confiesan sus peores pensamientos respecto a compartir el escenario con la otra. "Fue la peor idea del mundo" señala la cantante norteamericana frente a la participación de la colombiana. Y todos miraron con agrado el documental, y nunca dejaron de pensar que las dos eran profesionales increíbles, así como que dieron un espectáculo a la altura de las expectativas.

En la Era de la Incertidumbre no hay comunicación posible sin que este esté basada en las más duras experiencias de la realidad de la vida. Adornar el éxito con mensajes de comunicación pre fabricados bajo la premisa de que en el escenario del éxito todo es perfecto, es más una afectación a la reputación que una construcción en sí misma.

Principios para saber crecer contracorriente en la Era de la Incertidumbre

Los estrategas de comunicación de hoy en día no ocultamos verdades o realidades, las comunicamos de forma que puedan ser administradas por las personas. Ante este escenario te comparto 20 principios sobre qué debemos de comunicar para Crecer Contracorriente en la Era de la Incertidumbre:

1. Cuando no sepas qué decir, di la verdad. La fuerza de la cultura mexicana va absolutamente en contra de quienes somos, pero delimita con claridad quiénes debemos de ser.

2. Si la verdad es tan inverosímil que no es creíble, no basta sumar datos duros, es necesario sumar testimonios y experiencias, porque ante el peso de las redes sociales en la matriz de comunicación, el éxito está en saber conjugar lo cuantitativo con lo cualitativo.

3. La mentira o la verdad disfrazada de realidad suma sospechas y las sospechas hacen de la incertidumbre la decisión. Nunca una decisión basada en la duda ha sido acertada.

4. Como dijo Timbiriche, "la vida es mejor cantando" y para ser líderes hay que escuchar la música detrás de las palabras. Esto significa que, digas lo que digas y hagas lo que hagas, cualquier acción va a ser filtrada por la percepción personal. En este sentido, antes de decidir qué vas a comunicar, trata de entender qué está percibiendo tu audiencia de lo general a lo particular. La Investigación en Opinión Pública aplicada a la Comunicación no es un gasto, es una inversión.

5. La intuición es un arma del éxito de los estrategas de Comunicación, pero la otra son los datos que te ayuden a hacer un mapa del contexto y hacer una prospectiva de escenarios. El que prevé los riesgos no se equivoca, se prepara ante los posibles fallos.

> "La Investigación en Opinión Pública aplicada a la Comunicación no es un gasto, es una inversión".

6. En la matriz de decisiones está el efecto que una u otra decisión tiene en la reputación de tu cliente o la empresa para la que trabajas. No obstante, para bien o para no tan bien, los KPIs de resultados mandan sobre la realidad. Nunca atentes contra ellos.

7. En la Era de la Incertidumbre, la realidad del mundo y del entorno frente a la que empezaste a comunicar, no al que vas a comunicar cuando pongas en marcha tu estrategia de Comunicación. Esto significa que, a diferencia de hace algunos años, debes ser lo suficientemente hábil para adaptar el mensaje y tu agenda a este constante cambio.

8. Si tu comunicación toca a política y, sobre todo, al proyecto de gobierno en turno, no esperes que reaccionen con un plan estratégico inmediato. De hecho, la inmediatez de la velocidad de lo público hoy, los obliga a actuar "a bote pronto".

9. En esa misma línea, la política hoy tiene objetivos, pero no estrategia. Lo que hay es una distorsión del ejercicio público/político.

10. Todo vacío de poder es llenado por otro poder. La diferencia hoy en día es que muchas veces se llena únicamente por las percepciones.

11. Lo único que legitima tus resultados es que esto corresponda a los KPIs establecidos. Siempre va a haber cuestionamientos, porque en La Era de la Incertidumbre, las referencias se ajustan al objetivo particular, no general.

12. No tengas miedo de comunicar lo que te conviene, pero si lo haces, considera que no a todos les conviene, por lo que, en tu narrativa, debes responder a todas esas inquietudes. Si dejas gente interesada por fuera te van a perseguir con sus verdades y sus cuestionamientos. Nunca entres en un pleito de verdades, siempre construye para redistribuir las percepciones que existen.

13. Evita posicionar temas en función del descontento o el rechazo a cualquier cosa.

14. Las estrategias *unbranded*, es decir, aquellas que buscan posicionar un tema sin que este se vincule a alguien, pueden ser criticadas porque van contra la transparencia. Más allá de cuidar la relación con la autoridad, el hecho es que, desplegarlas bajo un paraguas *branded* solo generará rechazo.

15. Lamentablemente hoy los hechos no son suficiente para que la gente modifique su percepción. Las personas no solo tomamos decisiones sobre comprar uno u otro producto, también sobre aquello que queremos creer.

16. Las campañas políticas solían ser parámetro de la forma en la se comunicaba. La razón es la velocidad con la que se tiene que comunicar en una campaña electoral, que nos ayudaba a conocer la validez de una estrategia. El punto es que hoy ya no es prueba y error.

17. Lo que no comuniquemos, de igual forma se sabe. La diferencia es si es chisme o realidad.

18. La Era de la Incertidumbre facilita que la apuesta es el caos.

19. La persona, el ciudadano y el votante no pueden, bajo ninguna circunstancia dejar de ser el protagonista de toda estrategia de Comunicación. Si perdemos este eje, estaremos apoyando indirectamente el autoritarismo, tal vez no del gobernante en turno, pero sí del competidor.

20. Cualquier nota en medios o redes sociales, rumor o información influye en las percepciones del consumidor o usuario, y quienes estudian e identifican la percepción, pero también el origen de ella, tienen la mitad del camino ganado.

21. Todo comunica. Ayer, hoy y siempre.

Fuente: desconocida.

CAPÍTULO 16

¿SER UN TRENDSETTER O UN TRENDFOLLOWER COMO ESTRATEGA DE COMUNICACIÓN, PROFESIONAL Y LÍDER?

Mientras escribía este libro tuve la oportunidad de asistir al Festival de las Ideas en su edición 2024 y entrevistar a personas que han construido, a partir de una idea y experiencia en sus ramos profesionales, conceptos que están revolucionando el mundo en sus áreas de trabajo y, además lo han traducido en acciones concretas. Esto era un trabajo especial para Azteca Documentales.

Cada conversación se convirtió en semilla de otras ideas, pero destaco tres aprendizajes que considero que todos los profesionales y, en especial los estrategas de Comunicación debemos de incluir en nuestra matriz de decisiones:

1. Las personas más exitosas son narradores de historias o *storytellers*.

2. El poder lo tiene la historia.

3. La geo economía política siempre está cambiando, por lo que entenderlo es solo una herramienta para construir una mejor historia, no un pretexto para no contarla y, mucho menos, para que esta narrativa no sea un accionable.

¿Qué es mejor? ¿Ser un *trendsetter* o un *trendfollower* como estratega de comunicación, profesional y líder? Ninguna de las dos, simple y sencillamente perder el miedo al ridículo como personas, profesionales, e incluso como corporativos o ciudadanos corporativos.

La razón es simple, cuando dejamos de lado ese miedo ejercemos nuestra libertad y, al hacerlo, impulsamos el mercado. Por tanto, le regresamos el poder al consumo y la clase consumidora. Precisamente ahí es donde está la generación de riqueza que no se reduce solo a dinero.

Además, cuando no interferimos en nuestras propias ideas con nuestro juicio, es el momento en el que contamos historias que pueden tener como consecuencia el convertirse en una tendencia. Ser un *trendsetter* es consecuencia, no objetivo.

"Al ejercer liderazgo, te arriesgas a ser marginado, desviado, atacado o seducido."[23], señalan los extraordinarios expertos en el tema Ronald Heifetz y Marty Linsky en su libro *Liderazgo Sin Límite*. Así de simple, así de concreto.

Y agregan, "el liderazgo requiere la capacidad de soportar la hostilidad para poder mantenerse conectado con las personas, para no desvincularte de ellas y exacerbar el peligro."

Es justo aquí en donde se da la intersección en la que la coyuntura te da el poder y narras una historia que te vincula con tus audiencias de interés. Esto, a su vez, te posiciona como líder. En lenguaje de redes sociales, es ahí en donde ganas seguidores y construyes *engagement*.

Lo opuesto es ser un *Trendfollower,* y serlo, contribuye a que el otro crezca contracorriente, mientras tú te dejas llevar por ella.

En un capítulo anterior analizamos las diferencias y similitudes entre los Líderes de Opinión y los Influenciadores. En este sentido, es pertinente señalar que perder el miedo al ridículo no es sinónimo de perder los estribos o hacer cosas que al incomodar generan rechazo, porque eso afecta tu reputación y credibilidad.

En el caso de los Líderes de Opinión, perder el miedo al ridículo está, por ejemplo, en que sus análisis y prospectivas no tengan miedo a equivocarse. No siempre tendrán la razón, pero cuando la tienen, se les reconoce como personas que se adelantan a la agenda o la construyen.

En el caso de los Influenciadores, el ejemplo más sencillo de perder el miedo al ridículo, es la prueba y error con respecto al contendido. Muchos de ellos han transitado por las diferentes plataformas pasando totalmente desapercibidos o incluso soportando la hostilidad hasta el punto en el que lograron una conexión con las personas.

Los empresarios o emprendedores lo entendemos de otra forma, porque la hostilidad se presenta como negativas frente a tus propuestas de productos o servicios. Recuerda, para nadie es fácil.

Michael Vega-Sanz, presidente de Lula, una empresa que está revolucionando el mercado de los seguros en Estados Unidos, lo describe de mejor manera.

Su forma de relatar cómo es perder el miedo al ridículo está en hacer matemática simple a partir de dos cuestionamientos: ¿Cuantos *sí* necesito? Y de cada diez personas de interés que vea, ¿cuántos me van a decir que no? Sumas y restas que le quitan el valor a los no y le suman valor a lo sí. Además, con esta matemática empresarial evitas confundir fracaso con irte acercando al objetivo.

> *"Para construir el liderazgo no basta ser atrevido y con ello borrar las fronteras de los límites".*

Para construir el liderazgo no basta ser atrevido y con ello borrar las fronteras de los límites. Tienes que transitar en dos vehículos fundamentales:

1. Tu capacidad para relacionarte con las personas

No se trata de tener muchos amigos, o de conocer a todo el mundo, la clave está en que tengas o desarrolles capacidades que te permitan interactuar con aquellas personas con quienes construir un vínculo que puede sumar a tus objetivos y que, al mismo tiempo, encuentres la forma en la que ese vínculo también beneficie a esa persona.

Construir buenas relaciones interpersonales tiene ventajas importantes en la construcción de liderazgo, pero es también una forma de ser feliz.

Los expertos en bienestar coinciden en que la felicidad no está en el dinero, ni en los placeres momentáneos. De acuerdo con el líder del estudio más largo del mundo sobre la felicidad, Robert Waldinger de Harvard, "las relaciones con los demás es lo que determina que estemos más o menos satisfechos con nuestra vida".

En resumen, acciones ganar/ganar, en presente y en futuro.

2. El rechazo no es una negativa definitiva

que interiorices otra de las máximas de Ronald Heifetz y Marty Linsk: "La esperanza en el liderazgo reside en la capacidad de entregar noticias perturbadoras y plantear preguntas difíciles de una manera que las personas puedan asimilar, incitándolas a aceptar el mensaje en lugar de ignorarlo o matar al mensajero."

El rechazo muchas veces no es una respuesta negativa a lo que propones, sino a la forma en la que lo estás planteando y proponiendo, sobre todo, cuando lo que estás poniendo sobre la mesa implican un cambio en sí mismo.

Ten siempre presente que no es lo que dices, sino cómo lo dices. Tampoco es la posición en el organigrama lo que construye el liderazgo y mucho menos lo que hace que se produzca el cambio.

Es una verdad que incomoda, pero solo lo suficiente para que tu audiencia de interés se mueva de su lugar de comodidad. Sin embargo, debes saber que siempre garantiza que el lugar al que vas hará que se muevan y tenga un espacio de confort para ellos.

Clave para crecer contracorriente en la era de la incertidumbre

En la Era de la Incertidumbre la clave para generar Crecimiento Contracorriente está en obsesionarte con tus audiencias de interés o *stakeholders* y comunicar de manera efectiva porque eso es lo que construye la red de decisiones alrededor de ti como profesional o de compra por parte de los consumidores.

La comunicación y el liderazgo personal, corporativo o de productos en el mercado están íntimamente ligados. Si lo unimos correctamente estamos más cerca del éxito.

De esta forma, continuamente debemos reflexionar sobre la importancia de ser auténticos y valientes en nuestra narrativa, sin miedo al ridículo o al fracaso.

La verdadera estrategia de comunicación no se trata de seguir o establecer tendencias, sino de contar historias poderosas que resuenen

"La verdadera estrategia de comunicación no se trata de seguir o establecer tendencias, sino de contar historias poderosas que resuenen con nuestra audiencia".

con nuestra audiencia y que, a su vez, puedan convertirse en tendencias. Al liberarnos del miedo, ejercemos nuestra libertad y, al hacerlo, impulsamos el mercado y devolvemos el poder a los consumidores.

No lo olvides, los líderes deben estar dispuestos a enfrentar la hostilidad y mantenerse conectados con las personas.

Al final del día, perder el miedo al ridículo no significa perder el control, sino tener la valentía de probar, errar y, finalmente, conectar con las personas. Esto es aplicable tanto para los líderes de opinión como para los influenciadores y los empresarios.

Así se construye el éxito y se fortalece: <u>comunicando</u>.

CONCLUSIÓN

Este libro es mi propia manera de perder el miedo al ridículo. Su proceso de creación me obligó a cuestionarme una y otra vez todas esas pre conclusiones a las que he llegado a través de mi vida personal y profesional que, por no estar dentro de la corriente, han sido rechazadas automáticamente.

Hacerlo me ha permitido demostrar que tengo razón y que el consumo no solo es el rey, sino que es el rey al que ni el gobernante más autoritario puede a retar. También a establecer los principios bajo los que construiré, junto con mi equipo, las siguientes estrategias de comunicación. Para conocerlas, acércate a 27 Pivot.

Digo pre conclusiones porque esto es un proceso continuo que no tiene final, pero al serlo, nos recuerda que por más incertidumbre y disrupción que haya, siempre debemos tener nuestra brújula para no perdernos entre lo irrelevante, por ser momentáneo, y lo relevante porque es eso fugaz que está creando la siguiente tendencia.

En las primeras páginas te invité a cuestionar lo que aquí se decía. Ese proceso es y será nuestra vida entera, porque en la Era de la Incertidumbre a lo único a lo que debemos acostumbrarnos es que el cambio siempre sucede, solo que ahora se da a velocidades inimaginables. Lo que

"Lo que era hace un momento, dejó de ser y lo que es, está construyendo una nueva tendencia".

era hace un momento, dejó de ser y lo que es, está construyendo una nueva tendencia.

No confundamos incertidumbre con certidumbre diferente. Recuerda que la primera es que el cambio es tan rápido que cuesta trabajo adaptarse al cambio, por lo que a lo que nos tenemos que adaptar es a ser como el agua y adaptarnos al recipiente siempre. La segunda, es observar y saber escuchar lo que nos están diciendo. De esta forma no hay sorpresas y les ganamos camino a quienes, de forma terca, siguen queriendo que el mundo sea lo que fue o lo que ellos quieran que sean.

El reto es adaptarnos cada segundo a la siguiente etapa de la evolución del ser humano y por tanto de la forma en la que nos estamos comunicando. Tenlo siempre presente porque hacerlo te ahorrará mucho tiempo.

Esto es algo que debemos hacer teniendo como referencia que el liderazgo, como dicen Ronald A. Heifetz y Marty Linsk, es comunicar cosas de una forma en la que las audiencias lo puedan procesar e interiorizar a su vida. Por ello, siempre se necesitarán estrategas de Comunicación.

Observa constantemente a tu alrededor, esto te va a permitir siempre encontrar respuestas a tus cuestionamientos. Y, si no te las da, te va a llevar a cuestionarte más hasta obtener respuestas cuando te hagas las preguntas correctas.

Te pongo dos ejemplos: En la última entrega de los Premios de la Academia, el comentario común de los amigos con los que lo vi y en las redes sociales, era que se había perdido el glamour. A esto se sumaron los contenidos editoriales en los que se observaba, por ejemplo, que los hombres habían dejado de usar corbata.

Todo es cierto, pero todos esos comentarios obviaron que, como analizamos en los capítulos uno y dos de este libro, el consumo democratizó las marcas de lujo, por lo que ya no es necesario ver a los artistas de Hollywood con los productos de alta costura porque tu amiga, a cuotas y sin intereses, lo tiene en su closet.

El otro ejemplo es la Inteligencia Artificial y la realidad de que si el miedo que tenemos a que nos quite nuestro trabajo o que nos controle fuera real, el mundo ya no existiría. ¿Por qué? Porque primero atribuíamos a las fuerzas del universo que Instagram te enseñara el producto que habías pensado o visto en la tienda minutos antes, después nos ofendimos porque nos estaba escuchando y ahora hasta le hablamos al oído a nuestro teléfono para que el algoritmo nos muestre el producto que tenemos en mente.

En los años en los que tuve el honor de ser profesor de Comunicación Corporativa de la Maestría en Comunicación de la Universidad Iberoamericana y miembro del Consejo Técnico de la misma, una de las cosas que más me llamaba la atención era el pleito entre la academia y la comunicación en la práctica.

Mi misión con los estudiantes era enseñarles cómo todas las teorías tenían una aplicación profesional con ejecución directa en sus trabajos. En las clases ocupábamos mucho tiempo en analizar el contexto para que, en retrospectiva observaran, las estrategias que se habían construido para que esa información llegara hasta los periódicos o revistas que leen.

Siempre vi caras de sorpresa y eso es justo lo que no debemos de perder en la Era de la Incertidumbre. Por más cambios que haya, por más retos que enfrentemos, comunicar siempre será la magia que nos haga creer nuevamente en las historias.

Si no me crees, piensa en por qué se siguen escribiendo libros y filmando películas de amor. La razón es simple, los seres humanos, por más Inteligencia Artificial y tiempo invertido en redes sociales, siempre vamos a regresar a lo humano.

Como ejemplo nos basta el Covid-19 y la pandemia. Tan pronto perdimos el miedo al virus, regresamos de inmediato a abrazarnos y tocarnos. Insisto, regresamos a lo humano.

Para ser un estratega de Comunicación quiero que te plantees crear tres hábitos que debes practicar cuando lees el periódico por la mañana, tu revistas favorita, ves la serie de televisión que te atrapó o vas al cine:

1. Observa, siempre observa. Nada, absolutamente nada está ahí por casualidad. Todo tiene una razón de ser y un objetivo.

2. Cuestiona, siempre cuestiona. Aceptar lo que la comunicación te da te convierte en un trendfollower y todos los que llevamos nuestra lectura hasta esta página queremos ser líderes y marcar la pauta.

3. Nunca hagas nada sin tener un por qué. Esto te da sentido a tu vida, pero también te acerca al liderazgo y a lograr tus objetivos o los de la empresa para la que trabajas.

Y recuerda lo que nos dijo nuestro amigo Michael Vega-Sanz: "no sabemos lo que vamos a cambiar, pero si sabemos lo que no va a cambiar y nos da estabilidad".

BIOGRAFÍA DEL AUTOR

Adéntrate en el mundo de **Oscar Sandoval-Sáenz**, un estratega y analista de comunicación renombrado que navega con destreza a través de la **Era de la Incertidumbre**.

Con una maestría en **Ciencias Políticas** y una licenciatura en **Finanzas**, Oscar no es ajeno a los desafíos complejos y las soluciones innovadoras. Ha sido consultor y estratega de empresas e instituciones nacionales y globales, así como en campañas políticas de los tres niveles de gobierno. Su capacidad de análisis, entendimiento del entorno y conocimiento sobre la lógica que siguen los tomadores de decisiones le ha permitido manejar con éxito los temas más relevantes de la agenda pública.

Su pasión por los **nuevos medios en conjunción con los tradicionales** lo ha llevado a explorar los rincones más oscuros y reveladores del paisaje mediático contemporáneo; lo que ha sido vital en la prevención y manejo de crisis, así como en la construcción de alianzas para sus diferentes clientes.

Oscar no solo es un teórico; es un educador dedicado que ha compartido su sabiduría con estudiantes ávidos en la **Universidad Iberoamericana**. Como director de **27 Pivot**, ha liderado iniciativas que han definido el estándar oro en comunicación, relaciones públicas y reputación durante más de una década.

Hoy, coanfitrión del programa **La Billetera** en **ADN 40**, Oscar desentraña los misterios económicos más apremiantes del momento con agudeza e ingenio. Su columna semanal **#BlindSpot** en **El Universal** se ha convertido en una lectura obligada para aquellos ansiosos por descifrar los puntos ciegos existentes entre la política pública, la comunicación estratégica y las finanzas.

Únete a Oscar mientras desvela verdades incómodas, ilumina sombras ocultas y guía a sus lectores hacia un entendimiento profundo del mundo que nos rodea.

27 PIVOT

En 27 Pivot, se diseñan y ejecutan estrategias de comunicación, asuntos públicos y corporativos, e implementan acciones que se traducen en resultados de posicionamiento y reputación con impactos directos en los objetivos del negocio.

Fundada en 2013 por Oscar Sandoval-Sáenz, la empresa nace de la conjunción entre la comunicación estratégica, la investigación en opinión pública aplicada a la comunicación y el análisis de contexto y coyuntura. Su metodología, denominada Ingeniería en Comunicación, consiste en desarrollar estrategias que se ejecutan usando las herramientas de la comunicación para cumplir los objetivos de sus clientes.

En 2016, Tatiana Adalid Mayorga se unió como socia. Su experiencia, capacidad de análisis y visión integral de la comunicación corporativa, contribuyen de manera toral en la evolución de la metodología de 27 Pivot hacia el Datatelling, que consiste en contar historias a través de los datos. Con ello, los datos son la base de las ideas de 27 Pivot y, combinados con una narrativa coherente, generan acciones efectivas.

27 Pivot ha trabajado con éxito en todos los sectores industriales, con especial énfasis en el sector energético, implementando estrategias y acciones en momentos cruciales como negociaciones políticas de reformas constitucionales; también ha trabajado en los sectores de vivienda, financiero, infraestructura y aeronáutico, impulsando temas que han marcado hitos en el desarrollo de estos importantes sectores para el desarrollo económico del país.

En los años más recientes, se han especializado en el sector tecnológico e innovación, conscientes de que es lo que estará marcando la vida de las empresas y las personas en el escenario próximo.

Hoy, 27 Pivot suma a su metodología el hecho de que la comunicación estratégica contribuya de manera directa y eficiente a los resultados del negocio. De esta forma y de acuerdo con la evolución del mercado, han dejado atrás el ser una herramienta únicamente de reputación para impactar en los resultados del negocio.

27 Pivot valora a su talento humano tanto como los retos que tienen que resolver. Creen que para hacer posible algo, se necesitan manos, pero sobre todo personas que le pongan alma a lo que hacen.

ENDNOTES

1   Roa, Mónica Mena. 2021. «La popularidad de Amazon antes y después de la pandemia». Statista. 15 de julio de 2021. *https:// es.statista.com/grafico/25330/encuestados-que-han-comprado-en-amazon-en-los-ultimos-doce-meses/*

2   Renaissance in Uncertainty: Luxury Builds on Its Rebound». 2023. Bain. 17 de enero de 2023. *https://www.bain.com/in-sights/renaissance-in-uncertainty-luxury-builds-on-its-rebound/*

3   WorldData.Pro

4   *inflation.eu*

5   WorldData.Pro «La suma de porcentajes poblacionales no da 100% por redondeo

6   The Future of 6000 Cities. Decoding urban consumer trends until 2040». WorldData.Lab.

7   Release Note. s. f. «World Data Pro». Hubspotusercontent-eu1.net. Accedido 28 de marzo de 2024. *https://25336566. fs1.hubspotusercontent-eu1.net/hubfs/25336566/World%20 Consumer%20Outlook/release_note_November.pdf?__ hstc=251652889.c9f6995d0b5eca7955b7a94c9e9f63 2d.1707826343816.1707826343816.1708472929490.2&__ hssc=251652889.4.1709009938734&__hsfp=1807443438.*

8 Heifetz, Ronald and Linsky, Marty. «Leadership on the Line: Staying Alive Through the Dangers of Leading»

9 Sandoval, Oscar. 2024. «México-EU: bailando con el diablo». El Universal. 28 de febrero de 2024. *https://www.eluniversal.com.mx/opinion/oscar-sandoval-saenz/mexico-eu-bailando-con-el-diablo/.*

10 «Global 500». s. f. Fortune. Accedido 28 de marzo de 2024. *https://fortune.com/ranking/global500/.*

11 «World's Most Admired Companies». s. f. Fortune. Accedido 28 de marzo de 2024. *https://fortune.com/ranking/worlds-most-admired-companies/.*

12 S. f. Apple.com. Accedido 28 de marzo de 2024. *https://investor.apple.com/esg/default.aspx.*

13 «Environmental Social Governance Report». 2022. Apple. 2022. *https://s2.q4cdn.com/470004039/files/doc_downloads/2022/08/2022_Apple_ESG_Report.pdf.*

14 «About - Microsoft». s. f. Microsoft.com. Accedido 28 de marzo de 2024. *https://www.microsoft.com/en-us/about.*

15 Buffett, Warren E. 2021. «Comments by Warren E. Buffett in conjunction with his annual contribution of Berkshire Hathaway shares to five foundations». Berkshirehathaway.com. 2021. *https://www.berkshirehathaway.com/donate/jun2321.pdf.*

16 «Who We Are». s. f. Jpmorganchase.com. Accedido 28 de marzo de 2024. *https://www.jpmorganchase.com/about.*

17 «Insider». s. f. PEGAI. Accedido 28 de marzo de 2024. *https://www.pegai.com/pages/insider-pegai.*

18 Paton, Elizabeth. 2024. «The Man Who Destroys $3,000 Handbags on the Internet». The New York Times, 4 de enero de 2024. *https://www.nytimes.com/2024/01/04/style/luxury-handbags-leather-goods-tiktok.html*

19 «Disruptivo». s. f. Rae.es. Accedido 28 de marzo de 2024. *https://dle.rae.es/disrupci%C3%B3n*

20 De, Equipo. 2015. «Significado de Disruptivo». Enciclopedia Significados. 9 de febrero de 2015. *https://www.significados.com/disruptivo/.*

21 FashionNetwork.com ES. s. f. «Balenciaga revisa su estrategia tras el escándalo de sus controversiales campañas publicitarias». Fashionnetwork.com. Accedido 28 de marzo de 2024. *https://es.fashionnetwork.com/news/Balenciaga-revisa-su-estrategia-tras-el-escandalo-de-sus-controversiales-campanas-publicitarias,1487582.html.*

22 @NewyorkerCartoons. 2024. See the Rest of the Cartoon from This Week Issue in Our Bio. *https://www.instagram.com/p/C4GqlGAhUjq/?igsh=MXY5MGczaTcycnlidQ==.*

23 Heifetz, Ronald and Linsky, Marty. «Leadership on the Line: Staying Alive Through the Dangers of Leading»

Made in the USA
Columbia, SC
27 April 2024

34750133R00085